ELOGIOS PARA

EL CAMINO A LA GRANDEZA FINANCIERA

"El progreso de los la~~tinos~~
población, la participació~~n~~
sido notado ampliamente. El sig~~uiente~~
nómica."

. —Henry Cisneros, ex secretario del ~~departamento de~~ vivienda y
de desarrollo urbano (HUD), CEO de American City Vista

"[Barajas] nos da los recursos para que cualquier persona pueda lograr la
grandeza financiera." —*Booklist*

"Una maravillosa mezcla de humor y una poderosa visión...algo que
realmente debe leer si quiere entender qué lo está reteniendo y cómo
usted puede cambiar y hacer sus sueños una realidad para usted, su
negocio y su familia."

—Beatriz Olvera Stotzer, CEO de New Capital y
Presidenta de la junta de New Economics for Women

"Barajas sabe mucho de dinero."

—Ramiro Burr, *San Antonio Express-News*

"Del simple presupuesto personal a las más complejas inversiones financieras, *El Camino a la Grandeza Financiera* me ayudó a construir un sólido
cimiento y me alentó enormemente para tomar control de mis finanzas. Los consejos de Louis Barajas son fáciles de entender y simples de
seguir."

—Nancy De Los Santos, Productora Asociada de
Mi Familia y *Selena* y escritora para *American Family*

Luego de alcanzar un puesto importante en una firma de contaduría y asesoría, LOUIS BARAJAS sintió que necesitaba contribuir a la comunidad que más necesitaba su ayuda. Como planificador financiero en el vecindario predominantemente latino del este de Los Ángeles, Barajas comenzó a compartir con otros latinos sus conocimientos sobre qué podían hacer con sus propios recursos. Un orador muy solicitado para las conferencias locales, regionales y nacionales de negocios, Barajas ha merecido artículos en *Los Angeles Times, Hispanic Business,* en las radios NPR y CNBC y fue nombrado recientemente uno de los 100 Mejores Planificadores Financieros de este país por la revista *Mutual Funds.*

El Camino a la Grandeza Financiera

Los 10 Pasos Para Crear Riqueza,
Seguridad y un Futuro Próspero
Para Usted y Su Familia

Louis Barajas

 Una rama de HarperCollinsPublishers

Los libros de HarperCollins pueden ser adquiridos para uso educacional,
comercial, o promocional. Para recibir más información, diríjase a: Special
Markets Department, HarperCollins Publishers Inc., 10 East 53rd Street,
New York, NY 10022.

Este libro fue publicado originalmente en inglés en el 2003 en Estados
Unidos, por Rayo, una rama de HarperCollins Publishers.

PRIMERA EDICIÓN

Impreso en papel sin ácido

Library of Congress ha catalogado la edición en inglés como:

Barajas, Louis.
The Latino journey to financial greatness: 10 steps to creating wealth,
security and a prosperous future for you and your family / Louis Barajas.—
1st ed.
p. cm.
ISBN 0-06-621422-X
1. Hispanic-Americans—Finance, Personal. I. Title.
HG179 .296 2003
332.024'0368073—dc21   2002027592

ISBN 0-06-053524-5

04 05 06 07 08 DIX/RRD 10 9 8 7 6 5 4 3 2 1

A *mi abuela, Socorro Medina.*

Espero que desde el cielo estés viendo cómo tu amor incondicional

me ha inspirado a seguir el camino de la grandeza.

Agradecimientos

Mi inspiración más grande es, y seguirá siendo, mi familia. Papá, gracias por enseñarme que la dedicación al trabajo y la pasión son fuentes creadoras. Mamá, gracias por mostrarme que debo ser humilde en todo, y estar agradecido por todo lo que tengo. Alexa, Aubrey y Eddie, gracias por mantener el equilibrio en mi vida y por hacerme sentir joven todos los días. Bill, gracias por creer en mi visión y por haber tenido el valor y la fe para recorrer este camino juntos. Aaron, te agradezco haber podido contar contigo cuando me fue necesario. Aprecio inmensamente tu lealtad. A mis empleados, gracias por creer en su educación y por no olvidarse de cuánto los necesita su comunidad. A mis clientes, gracias por creer en mi visión de crear la grandeza financiera en nuestra comunidad. A mis mentores, gracias por su sabiduría y guía. A mi esposa, Angie, gracias por creer en mi sueño. Tu apoyo y amor cotidianos son cruciales en mi vida.

También deseo agradecerles a varias personas que han hecho de este libro una realidad. Todo comenzó hace más de 11 años cuando conocí a un caballero llamado Phillip Rangel. Phillip entró en mi oficina, en Boyle Heights, en marzo de 1992. Él había leído una columna que George Ramos de *Los Angeles Times* había escrito sobre mí. El artículo, que apareció en la primera página de la sección Metro, describía mi regreso de Newport Beach al este de Los Angeles, para abrir un negocio de planeamiento financiero en el barrio. Con tan sólo el periódico y una idea de dónde estaba mi oficina, Phillip llegó, y con una amplia sonrisa en el rostro me dijo que quería contratarme como planificador financiero. Phillip nació y se crió en el este de Los Angeles pero ahora vive en San Diego con su esposa e hijos. En ese entonces, la esposa de Phillip, Carolyn, era asistente de Anthony Robbins, el coloso del desarrollo de técnicas motivacionales. Con la ayuda de Carolyn, asistí a un seminario que Tony presentó en Maui sobre el arte de llegar a dominar los diferentes aspectos de la vida.

En el seminario conocí a David Bach y estuvimos alojados en el mismo lugar. Conocer a David fue una bendición. Aunque David es más joven que yo, él ya había logrado mucho. David y yo provenimos de dos mundos totalmente diferentes, pero era evidente que teníamos sueños y metas en común. Él publicó su primer libro, *Smart Women Finish Rich* en 1999, y ha sido mi mentor durante este proyecto. David me presentó a Victoria St. George, quien colaboró de forma magistral en la redacción de este libro. (Aunque no habla una palabra de español, Vicki se las ingenia para practicamente leerme la mente.) David también me puso en contacto con mi agente literario. Jan y su asistente, Shannon Miser Marvin, trabajaron con suma diligencia parar publicar mi libro. Jan y Shannon obran milagros en sus oficinas todos los días. Además, quiero agradecerle a René Alegría de HarperCollins por su fe en este proyecto. Su entusiasmo y su pericia hicieron que el proceso de la publicación de mi primer libro, transcurriera sin contratiempos. Por último, quiero agradecerle a Dios por haber reunido a todas estas personas en mi vida. Creo firmemente que conocerlos no fue coincidencia. Después de todo, como alguien me dijo una vez, las coincidencias no son sino obras de Dios que Él no se atribuye.

Índice

Prefacio

No se deje engañar por el título de este libro. Usted no está por aprender como hacer una fortuna rápida vendiendo el secreto de la *abuelita* de la receta del *mole* o por descubrir una estrategia exitosa para ganar la lotería.

El libro que usted está por leer es sobre *propósito*. ¿Por qué estoy aquí? ¿Adónde estoy yendo? ¿Cómo llego allí? Yo descubrí mi propósito en la vida al final de la década de los sesentas.

En ese tiempo, mi comunidad del este de Los Ángeles fue abandonada por las grandes compañías que por generaciones mi familia y vecinos ayudamos a establecer. El este de Los Ángeles se hundió en un decaimiento económico desbastador con negocios clausurados, vecindades arruinadas y fábricas abandonadas lo que atemorizó a la comunidad.

La baja más grande de esta crisis no fue económica sino humana. Como joven caminando por las calles de mi vecindad, yo vi más que edificios vacíos. Vi la desesperación en la cara de un hombre que ha perdido los medios para proveer a su familia, y la desesperanza en la mirada de una madre que no ve futuro para sus hijos.

Fue esta amenaza al espíritu humano en mi vecindad lo que me llevó a establecer TELACU, "The East Los Angeles Community Union," una organización que ha llegado a ser la corporación latina más grande para el desarrollo económico y de la comunidad en los Estados Unidos.

Mientras que nuestro desafío era monumental, nuestro enfoque fue directo: el proveer a las personas con las herramientas necesarias para edificar su propia prosperidad y la verdadera autosuficiencia, con las oportunidades de usar esas herramientas para mejorar sus vidas. Después de más de 35 años, TELACU continúa creando trabajos, viviendas accesibles, acceso a capital y oportunidades educacionales en mi comunidad que anteriormente estaba abandonada.

Los valiosos principios que Louis Barrajas le enseñará claramente en este libro refleja fielmente los principios que tuve que aprender de la manera más difícil cuando establecía TELACU. La lección más grande que aprendí es que está bien si uno no sabe la respuesta a una pregunta o como llevar a cabo algo. Pero una vez que lo saben, la decisión es de ustedes. Y quizás esa sea la mayor cosa que nosotros como latinoamericanos podamos compartir para formar esta gran nación: la habilidad de usar nuestras herramientas para la prosperidad en cualquier manera que deseemos.

Que este libro le sirva como guía para ayudarle a desplegar más la grandeza que yace dentro de nuestra comunidad latina.

Mientras nos acercamos rápidamente al día en que los latinos ya no formarán parte de un "grupo minoritario," el mundo se acercará a nosotros para buscar respuesta a preguntas muy complejas. Preparémonos para ser líderes responsables de futuras generaciones descubriendo nuestro verdadero propósito embarcándonos en un viaje de grandeza financiera.

La decisión es suya.

David C. Lizarraga
Presidente y Director General
TELACU
East Los Angeles, California
Julio, 2003

Introducción

Soy hijo de inmigrantes mexicanos, criado en un barrio del este de Los Ángeles. La historia de mi padre es típica de la de muchos latinos: llegó a Estados Unidos a los dieciocho años, trabajó en una fábrica durante el día y por la tarde y en los fines de semana tenía otro trabajo, haciendo e instalando lámparas. Después de diecisiete años, usó lo que había ganado en su segundo trabajo para empezar un pequeño negocio de herrería, el cual todavía tiene hoy día.

Mi padre les enseñó a sus hijos a creer en sí mismos y en sus habilidades. Como a muchos latinos de primera generación, me fue muy bien en mis estudios. Después de recibir mi diploma de bachiller en sociología en UCLA y, luego, obtener mi maestría en administración de empresas en Claremont Graduate School of

Business, trabajé por un par de años como planificador financiero para American Express, en Pasadena, California. Luego fui
a trabajar para Kenneth Leventhal, una prestigiosa firma de contadores y asesores en la muy acaudalada comunidad de Newport
Beach, California. Tenía una oficina con vista a la playa; era asesor de clientes millonarios y trabajé en varios proyectos de asesoría muy conocidos. Mi situación era muy buena, pero no era lo
que yo quería. Después de poco tiempo, me di cuenta de que lo
que realmente quería era hacer una diferencia en la comunidad
de la que había venido. Creía que la gente del barrio tenía más
necesidad de planificación financiera que mis ricos clientes.

Dos sucesos desafortunados precipitaron el cambio mucho
antes de lo esperado. Mi abuela, Socorro Medina, uno de los
pocos amores verdaderos de mi vida, murió repentinamente, y mi
tío, Frank Medina, se suicidó poco tiempo después. A mi tío le
había ido bien económicamente, pero su fortuna no lo había
hecho feliz. Ingenuamente, yo siempre había pensado que el
dinero y el éxito harían feliz a cualquiera. Fue duro darme
cuenta, a través de mi tío y de algunos de mis clientes ricos, que
esto no era siempre así. Angustiado, busqué consejo espiritual en
varios sitios. Un día, un pastor me dijo que en todos sus años de
ministerio y en cientos de funerales a los que había asistido, él
nunca había visto un camión de mudanzas detrás de un coche
fúnebre. Eso me convenció. Con las palabras del pastor en mente,
presenté mi aviso de renuncia en Kenneth Leventhal y en octubre
de 1991 abrí una firma de planificación financiera en el este de
Los Ángeles.

Por un tiempo recibí mucha atención en los periódicos,
"Muchacho del barrio triunfa y vuelve para dar su aporte." Fue
muy halagador, pero en realidad todo lo que yo quería era darles

perspectiva a mis clientes. Quería mostrarles cómo obtener libertad económica y seguir disfrutando de todos los grandes valores que los latinos apoyan. Quería que alcanzaran el éxito financiero sin olvidarse de todo lo demás. Quería grandeza financiera para mí y para mi comunidad.

Ahora bien, no esperaba que la gente fuera a tocar a mi puerta, pero tampoco esperaba el tipo de resistencia que encontré cuando les hablé a mis vecinos del barrio sobre mis servicios. Esto me confundió. Después de todo, yo conocía a esta gente y ellos me conocían a mí. Yo era uno de los suyos, un latino del barrio, ¿por qué no iban a tenerme confianza? Y los que sí vinieron, ¿por qué estaban tantos de ellos tan poco motivados para luchar con esta área tan crítica de su vida? ¿Qué les impedía tomar las medidas relativamente sencillas que asegurarían un mejor futuro financiero para ellos y su familia?

Con mis conocimientos de sociología y mis años de estudio en desarrollo personal, comencé a buscar otras razones. Durante los últimos años había descubierto toda una gama de creencias culturales, a las que llamo "barreras," que impiden que muchos latinos tomen los pequeños pasos necesarios para alcanzar el éxito y la seguridad financiera duraderos. Escribí *El Camino a la Grandeza Financiera* para ayudar a cambiar esas creencias y ofrecerles a los latinos una nueva manera de mejorar la calidad de vida y lograr alcanzar la grandeza financiera al mismo tiempo.

En el curso de más de diecisiete años en el área de planificación financiera, he tenido muchos clientes de escasos recursos que son, sin embargo, felices. También tengo muchos clientes ricos que están buscando la felicidad y me dicen que algo falta en su vida. Por último, a la mayoría de mis clientes les cuesta mucho hacer que les alcancen los ingresos. Luchan constantemente con las cosas de todos los días y están demasiado ocupados para concentrarse en lo que es realmente importante. Se ocupan *en* su vida, pero no se ocupan *de* su vida. Una vez escuché en la iglesia unas palabras muy profundas: "Si el diablo no te hace malo, hace que estés muy ocupado." Parece que todos estamos muy ocupados, y el estar ocupados crea vidas desequilibradas y sin dirección. Pone obstáculos en nuestro camino y nos impide llegar a nuestro destino ideal. Terminamos en la ruta a ningún lado, a una vida no realizada.

Yo creo que todos, especialmente los latinos, merecemos algo mejor. Nosotros tenemos una enorme fuerza de carácter y un rico patrimonio cultural y social que podemos utilizar para hacer que nuestros sueños se hagan realidad. Sólo necesitamos tres simples cosas. Primero, necesitamos salir del camino conocido, eliminar las pocas creencias culturales y barreras que nos impiden reconocer nuestras propias fuerzas económicas. Segundo, necesitamos entender lo básico para aprovechar al máximo nuestros recursos financieros. Y tercero, necesitamos un poco de coraje, la voluntad para dar un paso adelante y reclamar nuestro lugar como una fuerza cultural y económica en la sociedad. Yo creo que usted no estaría leyendo este libro si no estuviera ya listo para la grandeza financiera. Sería un honor para mí que me permitiera ser su guía.

Primera Parte

*El Camino a la Grandeza
Financiera—y los Baches
que Hay en Él*

Cuando dejé la importante firma de contadores y asesores donde estaba trabajando en Newport Beach para abrir mi propia firma de planificación financiera en el barrio del este de Los Angeles, mis colegas pensaron que estaba loco. "¡Tus clientes aquí son multimillonarios!" me decían. "¿Cuántas personas del barrio tienen dinero para invertir en otra cosa que no sea el techo sobre su cabeza y su comida? ¿Qué te hace pensar que se necesitan planificadores financieros en el este de Los Angeles?"

Yo lo sabía porque me había criado allí. Como muchos otros latinos, mi padre trabajó por años para ahorrar suficiente dinero para abrir su propio negocio. Luego, además de dar casa y comida a su familia, trabajó aún más duro para que su negocio prosperara. Hoy día yo ayudo a gente como mi padre a realizar sus sueños financieros de manera más rápida y fácil. Les muestro cómo usar los bancos, los préstamos, las inversiones y las cuentas de jubilación entre otros medios, y cómo crear planes financieros de corto y largo alcance. Ayudo a los latinos a lograr la grandeza financiera con la que sueñan para ellos mismos y su familia.

¿Qué es la grandeza financiera? La grandeza financiera va más allá de la riqueza. La grandeza financiera es tener la valentía de vivir la vida que se ha soñado. La grandeza financiera es vivir una vida con significado y propósito. La grandeza financiera es saber con certeza que su vida es importante. La grandeza financiera es una abundancia de amor, confianza en uno mismo y dinero. La grandeza financiera es vivir libre de preocupaciones y de luchas. En verdad, la grandeza financiera es, en su centro mismo, una actitud mental, que sólo se puede obtener con una visión clara de lo que uno quiere llegar a ser, no sólo de las cosas que uno desea tener. En septiembre del 2001 de la revista *O*, Oprah Winfrey dijo, "Todos pueden llegar a ser grandes, no para ser famosos, sino por la grandeza misma, porque la grandeza está determinada por el servicio."

Sin embargo, hacer que mis clientes reconozcan su capacidad para la grandeza financiera no ha sido fácil. Si bien los latinos como grupo son buenos trabajadores y se empeñan para mantenerse a sí mismos y a su familia, si bien quieren aprovechar al máximo las oportunidades que se les presentan, muchos de ellos nunca han pensado cómo usar de la mejor manera todo el dinero que están ganando. "Sólo traigo a casa $750 por semana," me dicen. "Estoy manteniendo una familia. También envío dinero a mis parientes en México (o Puerto Rico, o América Central, o cualquier otro lado). ¿Para qué necesito un plan financiero?"

Cuando escucho eso, sé que estas personas han asimilado el concepto del "latino pobre." Seguro, hay muchos latinos pobres viviendo en los barrios del este de Los Angeles, en Houston, Dallas, San Antonio, San Francisco, Denver, Chicago, Miami, Nueva York, y otras ciudades de Estados Unidos. Pero, de la misma manera en que la mayoría de la gente no tiene la menor idea de cuánto dinero van a ganar y gastar durante el curso de su vida (pista: es alrededor de un millón y medio de dólares), los latinos, como grupo, no tenemos idea de nuestro poder económico ni de cuánto dinero controlamos en realidad.

Permítame darle algunos datos que tal vez le ayuden a darse cuenta de lo ricos y poderosos que somos los latinos.

▶ **Somos la minoría más grande de los Estados Unidos.**
Si los latinos de Estados Unidos formaran su propio país, aquel sería el quinto país latinoamericano en número de habitantes.

▶ **Somos una población joven.**
Según el Departamento del Censo de Estados Unidos, la edad promedio de los latinos es de veintiséis años. Esto significa que tenemos muchos años por delante para ganar y gastar dinero y para tener hijos.

▶ **Tenemos mucho poder económico.**
El poder adquisitivo de los hispanos alcanzó los $477 mil millones en el año 2000 y va en aumento.

▶ **Nuestra presencia en los negocios sigue creciendo.**
Desde 1987 hasta 1995, el número de negocios de latinos creció de 250,000 a 720,000, un aumento del 288 por ciento.

► **Nuestra presencia en la política continúa acentuándose.**

Se reconoce a los hispanos como uno de los grupos de crecimiento más rápido y uno de los bloques de votantes más importantes, y tanto los republicanos como los demócratas están tratando enérgicamente de atraerlos.

► **Estamos pasando rapidamente a ser parte de la clase media y alta.**

El segmento del mercado latino de más rápido crecimiento son familias con ingresos anuales de $50,000 o más.

Como grupo, los latinos estamos muy lejos de ser pobres. Sin embargo, creo que nuestra mayor riqueza no está sólo en nuestros bolsillos o en los cheques del sueldo que recibimos cada semana o mes. Está en nuestras actitudes, en la manera en que pensamos sobre el trabajo, la familia y la comunidad. En los siguientes capítulos de este libro voy a hablar mucho sobre las creencias y actitudes que nos obstruyen el camino para alcanzar la grandeza financiera. Pero primero quiero destruir completamente el mito del latino "pobre," y lo haré recordándole todas las razones por las que debemos estar agradecidos por todo lo que tenemos.

► **Somos ricos en familia.**

Uno de los elementos más fuertes en nuestra vida es el tesoro de nuestras relaciones familiares. En una sociedad donde es muy común que las familias se separen y pierdan contacto, los latinos dan una enorme importancia a cuidar de sus familiares. Rara vez verán latinos "estacionados" en una residencia para ancianos porque sus hijos están "demasiado ocupados" para ocuparse de ellos. Nosotros nos preocupamos por nuestros padres, nuestros niños, nuestros hermanos, hermanas, tías, tíos y primos. Si un latino o una latina emigra a Estados Unidos, con frecuencia pasa sus primeros meses y hasta años con un pariente que le da casa y comida y le enseña cómo vivir aquí.

▶ **Somos ricos en comunidad.**

Nuestro lenguaje, patrimonio y cultura nos unen y añaden dimensión a nuestra vida. Instituciones como la Iglesia, los deportes, hasta la televisión en español, nos ayudan a mantenernos juntos y nos sirven para sentirnos orgullosos de nuestra identidad hispanoamericana.

▶ **Somos ricos en idioma.**

En este país, no sólo hay libros, programas de televisión y hasta industrias enteras que se manejan en español, sino que el dominio del inglés y del español nos hace en realidad más deseables en el mercado global actual. A medida que todo se globaliza cada vez más, poder hablar más de un idioma y sentirse cómodo en diferentes sociedades nos da una ventaja enorme.

▶ **Somos ricos en nuestra cultura.**

La música popular, la televisión, el cine, la danza; la influencia latina está en todas partes. Y como somos una población joven, esta influencia no puede sino crecer.

▶ **Somos ricos en nuestras actitudes referentes al trabajo.**

La mayoría de los inmigrantes latinos viene a este país porque quieren mejorar su situación económica y la de su familia.

Nosotros queremos trabajar, queremos tener una vida mejor que la que podríamos tener en México o en Centroamérica o en Sudamérica. Y estamos dispuestos a tomar cualquier trabajo que encontremos para por lo menos cubrir nuestras necesidades. Aquí en Los Ángeles rara vez verá a un latino o latina pidiendo dinero. En cambio, los verá vendiendo costales de naranjas, o flores o cualquier otra cosa. Verá hombres parados cerca de tiendas que alquilan camiones o equipo, pidiendo no una limosna sino que les den trabajo. Aceptamos cualquier tipo de trabajo y trabajamos duro para mantenernos y mantener a nuestra familia.

Familia, comunidad, idioma, cultura, actitudes sobre el trabajo: en todas estas áreas, los latinos tenemos muchas ventajas que nos impulsan a aprovechar cualquier oportunidad que se presente para construir la grandeza financiera. Pero, de la misma manera en que podemos ser saboteados por los mitos que encontramos sobre los latinos, con mucha frecuencia nos podemos sabotear a nosotros mismos, con nuestras creencias sobre el dinero, nuestras habilidades y lo qué es posible o imposible para nosotros. Los siguientes capítulos están diseñados para mostrarle de dónde vienen estas creencias destructivas y cómo la verdad lo liberará para construir su propia grandeza financiera, más fácil y más rápidamente de lo que usted había pensado.

El Camino a la Grandeza Financiera

El camino a la grandeza financiera consta de cinco etapas. Como cualquier otro camino, algunas personas pueden comenzar justo al inicio, mientras que otras pueden entrar al camino más cerca de la meta final. Esto es lo que ocurre en cada etapa del camino.

Etapa de supervivencia   En esta etapa la mayoría de la gente tiene problemas para sobrevivir. Está tratando de hallar qué comer y dónde dormir cada día. En esta etapa la gente tiene problemas para hacer planes con más de un día o una semana de anticipación.

Etapa de lucha   Aquí la gente ha superado la etapa de supervivencia. Tiene comida en la mesa y un techo sobre su cabeza, pero la pérdida de un trabajo o una gran crisis financiera inmediatamente los hará retroceder a la etapa de supervivencia.

Etapa de estabilidad   En esta etapa la gente ha logrado mantener un techo sobre su cabeza, tiene mucha comida en la mesa y hasta tiene suficiente dinero para tomarse una vacación de vez en cuando y ha comenzado a ahorrar para el futuro.

Etapa de éxito   Esta etapa representa la abundancia. La gente tiene lo suficiente para estar más que cómoda. Son dueños de su casa y de un buen automóvil; tienen ahorros para cuando se jubilen y dinero reservado para la educación de sus hijos; se pueden permitir todas las pequeñas cosas que siempre quisieron. Desgraciadamente, en este momento mucha gente se despierta y se da cuenta de que las cosas más importantes de la vida no son las posesiones. Se preguntan: ¿Esto es todo? Se dan cuenta de que les falta algo; y cuando lo hallan, llegan a la verdadera meta del viaje...

Grandeza financiera   Ésta ocurre cuando la persona sabe que su vida tiene sentido. La vida se desarrolla sin esfuerzos. Las relaciones funcionan. La gente que alcanza la grandeza financiera tiene abundancia de dinero, tiempo, vitalidad y amor.

Si tenemos mucha suerte, la mayoría de nosotros nunca tendremos que pasar por la etapa de supervivencia, en la que ni siquiera tenemos un techo sobre nuestra cabeza. Muchos de nosotros sí pasamos por la etapa de lucha cuando recién comenzamos, y después, con suerte, continuamos avanzando hacia la estabilidad, el éxito y por último la grandeza financiera. La mayoría de la gente cree que para llegar a la grandeza financiera tenemos que pasar por cada etapa del camino. Pero mientras que cada etapa puede enseñarnos algo importante, yo sugiero que podemos evitar algunos de los pasos del viaje a la grandeza financiera si sabemos qué hacer y cuándo hacerlo. Creo que podemos aprender lecciones de los esfuerzos de otros y usar lo aprendido para acortar nuestro viaje a la grandeza financiera. Pero tenemos que estar dispuestos a escuchar y a aprender y luego poner en práctica lo que aprendimos.

Después de más de 17 años como planificador financiero, he visto que no es muy difícil alcanzar la grandeza financiera. Si usted empezara apartando $2 por día desde los 20 años y continuara haciéndolo durante sus años de trabajo, y si ese dinero recibiera un interés del 12 por ciento anual, para cuando llegue a los 65 años tendría más de $1 millón al momento de jubilarse. Pero cuando se habla de grandeza financiera, la pregunta nunca es, "¿Cuánto dinero ha ahorrado?" sino "¿Está viviendo una vida con sentido, una vida en la que la abundancia fluye naturalmente? ¿Se conoce a sí mismo, sabe para qué tiene dinero y por qué?" Los clientes que veo que están verdaderamente en el sendero a la grandeza financiera son felices, no porque tienen dinero, sino porque saben por qué han ganado el dinero. Su grandeza les viene no de sus finanzas sino de sí mismos. He escrito este libro para mostrarles a los latinos que somos realmente grandes y cómo la abundancia financiera puede ser simplemente otra manifestación de lo que ya tenemos dentro. Y en última instancia, esa grandeza es un tesoro que nadie puede robar o gastar o perder.

La Ceguera de las Malas Creencias

¿Dónde comienza la grandeza financiera? Viene desde adentro, del corazón y de la mente, más que de la billetera. Pero algunos de nosotros, en realidad mucha gente, no solamente los latinos, estamos ciegos a nuestros tesoros interiores. No podemos ver nuestros propios recursos, nuestra fuerza, concentración, creatividad, disciplina y diligencia, porque desde la cuna nos han enseñado a creer que no es eso lo que somos. Y por eso, vivimos luchando bajo una enorme carga de creencias que nos limitan y de dudas devastadoras, sin ver todo aquello que justamente nos podría ayudar en la vida.

Déjeme que le cuente una historia que demuestra lo que quiero decir. Había una vez un granjero pobre que se ganaba la vida cultivando una pequeña parcela de tierra cerca de un pueblo remoto. Su esposa había muerto hacía muchos años, dejándole un hijo. El niño era la luz de sus ojos; no había nada que el granjero no hubiera hecho por su hijo.

Un día el granjero tuvo que ir a la ciudad para vender parte de su cosecha. Mientras estaba afuera, su pueblo fue atacado por

bandidos. Cuando el granjero volvió, encontró al pueblo conmo-
cionado. Corrió a su granja y vio, horrorizado, que su casa había
sido quemada completamente. Revolvió entre los escombros y
halló los restos carbonizados de un niño.

El dolor del granjero no tuvo límites. Pasaron días antes de
que los otros pobladores lo pudieran persuadir de que enterrara
los pocos y tristes huesos que había encontrado. Aún después de
que los restos del niño habían sido sepultados, el granjero con-
servó un pequeño hueso consigo. Puso el hueso en una pequeña
bolsa que llevaba siempre alrededor de su cuello. Noche tras
noche, el granjero lloraba sobre el hueso que él creía ser una reli-
quia de su querido hijo.

Pero el hijo *no* había muerto en el incendio, los huesos eran
los de otro niño. Los bandidos habían secuestrado al hijo del
granjero y lo habían puesto a trabajar como su esclavo. Poco después, los bandidos fueron al extremo norte del país, llevando con
ellos al niño. Por años, el niño trabajó en el campamento esperando una oportunidad. Finalmente, escapó. Sin embargo, como
estaba muy lejos de su casa y no tenía nada aparte de la ropa que
llevaba puesta, fue a la ciudad más cercana para buscar trabajo y
ganar suficiente dinero para volver a casa. Se acercó a un hombre
que compraba y vendía ganado y le pidió trabajo. El hombre, a
quien le gustó el aire independiente del muchacho, le dio un trabajo. Cuando el muchacho llegó a ser un hombre joven, pasó a
ser la mano derecha del comerciante.

Luego de varios años, el joven había hecho suficiente dinero
para volver a casa. Entonces le contó al comerciante de ganado su
historia, cómo había sido secuestrado y separado de su padre
hacía muchos años. "Estoy agradecido por todo lo que usted ha
hecho por mí, pero ahora quiero volver a casa," dijo el joven. El

comerciante se entristeció pero aceptó el pedido del joven, y lo puso en camino con muchos regalos y buenos deseos.

Le tomó al joven muchos días viajar desde la ciudad donde estaba el comerciante hasta el pueblo de su padre. Ya era muy tarde en la noche cuando el joven llegó a la casa que su padre había construido para reemplazar la que los bandidos habían quemado hacía ya tantos años. El joven estaba contento y emocionado cuando golpeó en la puerta de entrada.

"¿Quién es?" preguntó el padre desde adentro.

"Papá, abre la puerta, ¡es tu hijo!" contestó el joven.

Por un momento hubo silencio.

"Eso no es posible," replicó al cabo el padre con gran tristeza.

El joven se sorprendió y volvió a golpear la puerta.

"Papá, es verdad, he vuelto a casa. Me llevaron los hombres que quemaron nuestro pueblo. Me hicieron su esclavo y me llevaron muy lejos, al norte. Me escapé, pero no tenía manera de regresar. Desde entonces he estado trabajando para un comerciante del norte para pagarme el viaje. Traigo regalos y dinero, suficiente para vivir los dos. Papá, por favor, ¡abre la puerta!

"¡Estás mintiendo!" gritó el padre furioso desde adentro. "Enterré los huesos de mi hijo hace muchos años. Conservé un hueso conmigo para recordarlo. Está en una bolsa que llevo alrededor de mi cuello. No es posible que seas mi hijo; o estoy teniendo un sueño o tú eres un espíritu maléfico que quiere quitarme el alma. ¡Vete, espíritu maligno! No eres mi hijo."

No importó que el joven implorara, golpeara la puerta y derramara lágrimas, el padre se mantuvo firme. No abrió la puerta, ni siquiera un poquito, ni miró afuera por un momento. Finalmente, el joven se fue desconsolado. Nunca más regresó al pueblo. Como el padre no quiso creer que su hijo había vuelto, nunca supo la dicha de tener a su verdadero hijo en sus brazos. Un año más tarde, el viejo murió, lamentando la muerte de alguien que estaba todavía vivo.

¿Qué tiene que ver esta historia con crear grandeza financiera para usted y su familia? Todo. Cuando regresé al barrio del este de Los Angeles y comencé a ofrecer servicios de planificación financiera a la comunidad latina, noté la falta de información y conocimientos sobre finanzas. Por eso di seminarios para ayudar a mis clientes a entender los fundamentos de cómo manejar su dinero. Pero rápidamente descubrí que la barrera más seria con la que me enfrentaba no era la falta de conocimiento sobre finanzas, sino las creencias negativas que tienen la mayoría de los latinos sobre el dinero.

Los latinos son gente muy inteligente, trabajadora y responsable. Nos cuidamos y cuidamos a nuestra familia. Nos preocupamos por los demás, nuestros hijos, nuestros padres y nuestros familiares. Pero junto con estos buenos aspectos de nuestra cultura, también hay algunos elementos negativos. Principalmente, son creencias—sobre nosotros mismos, sobre el dinero, sobre la abundancia—que se interponen en nuestro camino cuando se trata de aprovechar al máximo nuestros recursos financieros. Nuestras creencias dictan no sólo lo que estamos dispuestos a hacer sino también lo que estamos dispuestos a aceptar como realidad. Nuestras creencias pueden impedir que aprovechemos oportunidades que tenemos frente a nosotros. Igual que el granjero con su hijo, aun cuando la oportunidad llega dando golpes a nuestra puerta, cerramos nuestros oídos y decimos: ¡Vete, espíritu maligno!

La primera parte de este libro muestra las creencias culturales que tienen muchos latinos acerca del dinero, y cómo eliminar las creencias negativas para que usted pueda aprovechar las oportunidades cuando se presenten. Ese es el paso más importante para aprender a manejar su dinero exitosamente, pero es sólo el primer paso. Usted también necesita descubrir sus propias razones personales para crear riqueza. Después de todo, sus razones serán diferentes de las de su hermano, su vecino o su cuñada. Y cuando usted sepa por qué quiere ser rico, tendrá el impulso necesario para crear esa clase de abundancia. Finalmente, usted necesita crear un plan que le dé su propia versión de grandeza económica, de riqueza, felicidad y abundancia, para usted y su familia. La segunda parte consiste en un proceso de diez pasos que usted puede usar para descubrir sus razones para crear riqueza, establecer metas financieras claras y luego crear un plan que haga de sus metas una realidad. Si usted sigue estos diez pasos, creo que puede alcanzar toda la grandeza financiera que desee.

Déjeme que le cuente un final diferente de esa historia del granjero y su hijo. Esta vez el hijo regresa, el padre decide sobreponerse a su creencia sobre la muerte de su hijo y abre la puerta de par en par. Con una mirada, el granjero reconoce en el joven a su hijo perdido y los dos se abrazan. El joven entra en la casa y le muestra a su padre los regalos y el dinero que ha traído con él. "¡Nunca más te dejaré, papá!" dice el joven, mientras su padre llora, esta vez de alegría.

El joven invierte su dinero sabiamente y usa las ganancias para comprar más tierras de cultivo. Él y su padre trabajan lado a lado, mejorando la granja, comprando más ganado. En unos pocos años, la pequeña y pobre granja se transforma en una de las más grandes y prósperas de la región. El hijo se enamora y se casa con una chica del pueblo, y tienen muchos hijos, hermosos y sanos.

Con el tiempo, el padre se jubila y deja que su hijo administre la granja mientras él juega con sus nietos. Muchos años más tarde, el anciano muere, con su hijo, nuera, nietos y hasta biznietos a su lado. En su funeral, la gente del pueblo dice: "Este hombre fue muy afortunado. Tuvo verdadera grandeza en su vida."

La opción del granjero es una que encontramos a menudo en nuestro viaje a la grandeza financiera. ¿Cerramos las puertas a nuestra mente y a nuestro corazón y nos aferramos a nuestras propias ideas de lo que debe ser, o abrimos la puerta a la verdad y descubrimos así nuestra propia grandeza financiera?

10 Baches en el Camino a la Grandeza Financiera

Hablando de la grandeza financiera como si fuera el fin del camino, yo he descubierto 10 "baches," creencias que comparten muchos latinos y que dañan nuestra relación con las finanzas. Estas creencias están basadas en centenares de años de condicionamiento cultural recibidos de nuestras patrias, iglesias y familias. Como la mayoría de las creencias, estas están tan integradas en nuestra cultura que ya ni las notamos, pero eso es justamente lo que les da un poder aún mayor para afectarnos, para bien o para mal.

Permítame que le dé un ejemplo del poder de una creencia cultural. Hace pocos años pasé mi primera Navidad en casa de mis suegros. Fue increíble; nunca había visto tanta comida. Mientras miraba la mesa cubierta con toda clase de plato, deliciosas, le pregunté a mi esposa cuál era su comida favorita. "El jamón," me contestó Angie. "El jamón asado de mi madre es el mejor que he probado. Hasta ganó premios en concursos culinarios." Yo no le creí, hasta que lo probé. Sí, ¡el jamón de la madre de Angie era también el mejor que yo había comido!

Le pregunté a Angie cuál era el secreto. "Bueno, mamá siempre corta los extremos del jamón antes de asarlo," dijo. Supuse que el jamón era tan delicioso porque los extremos cortados permitían que los jugos se desparramaran por el jamón. Pero decidí preguntarle a la madre de Angie, María, por qué cortar los extremos del jamón hacía una diferencia tan grande. "No sé bien la razón por la cual le cortamos los extremos al jamón," contestó María. "Mi madre me enseñó a hacerlo y siempre salió tan delicioso que no quiero cambiar la receta."

Eso no es suficiente, pensé. Yo realmente quería saber por qué ese jamón era tan delicioso. Por suerte, la Navidad es algo muy importante en la casa de la familia de Angie y toda su familia estaba allí. Por lo que le pregunté a la abuela de Angie, Petra, el secreto del delicioso jamón. "Crecí en Guadalajara, México," me dijo Petra. "Mi familia era muy pobre y sólo teníamos una asadera. Una vez al año comprábamos un jamón para la Navidad, pero la asadera era tan pequeña que yo tenía que cortar los extremos del jamón para que entrara en ella."

"¿Cortarle los extremos hace que el jamón sea tan sabroso?" pregunté, maravillado.

"Por supuesto que no," contestó Petra. "¿Quién le dijo eso?"

"Bueno, tanto su hija como su nieta tienen la impresión de que ésa es la razón," dije. Petra se rió.

"Cortarle los extremos al jamón es simplemente una costumbre que nunca se me ocurrió cambiar," dijo ella. "La verdadera razón por la que mi jamón es tan delicioso es la combinación de especias mexicanas con que lo cocino."

"¿Le parece que debemos decírselo a Angie y María?" le pregunté.

Petra me miró, con un destello en sus ojos.

"Será mejor que lo hagamos, ¡piense en la cantidad de buen jamón que mi familia ha estado desperdiciando todos estos años!"

Debemos ser muy cuidadosos en cuanto a lo que creemos. Las creencias que están vinculadas a nuestro patrimonio, a nuestra familia y a nuestra cultura, frecuentemente son muy fuertes, pero a menudo están basadas en información incorrecta. Y cuando nos aferramos a creencias equivocadas, podemos llegar a conclusiones equívocas sobre lo que hace a alguien o a algo realmente grande. Y entonces continuamos haciendo las cosas de la misma manera que siempre las hemos hecho, en vez de explorar otras maneras para obtener mejores resultados.

El verdadero problema, por supuesto, surge cuando nuestras creencias equivocadas no son sobre cosas como jamones asados, sino sobre nosotros mismos, nuestras habilidades y lo que sería necesario para que realizáramos lo que queremos económicamente. Todos los días veo en mi oficina el poder de esas barreras en clientes que no creen que pueden tener seguridad financiera. Las veo en mis seminarios, en los que hablo sobre estas barreras y veo en todo el salón cabezas que se mueven asintiendo. Pero principalmente, veo estas barreras en acción en los hogares, en la calle y en los bancos, en los negocios de autos y las oficinas de bienes raíces, en todos los sitios donde los latinos hacen negocios. He visto cómo estas creencias culturales nos impiden aprovechar algunas de las herramientas más básicas y efectivas para construir la grandeza financiera para nosotros y nuestra familia.

Poner en evidencia y eliminar estas creencias son dos razones por las que comencé a ofrecer seminarios de educación financiera. Es también una de las razones por las que escribí en forma regular durante cinco años una columna financiera llamada "Entre números" en *La Opinión,* el periódico hispano más importante de Los Ángeles. Y es también la razón para que la primera mitad de este libro no sea sobre la manera de establecer una cuenta de jubilación o de ahorrar para la educación de nuestros hijos o conseguir un mejor trabajo o elegir a un asesor financiero. En cambio, usted va a aprender sobre algunas creencias culturales que son la versión latina de cortar los extremos del jamón, ideas falsas que se interponen en nuestro camino mientras avanzamos a la grandeza financiera.

Lo que va a leer en esta sección tal vez lo sorprenda. Quizás hasta lo enoje. Si un anglo le dijera esto a un latino, usted probablemente diría: "Oh, es un racista." Podría sentir que hasta estoy menospreciando a mi propia gente y que creo en los estereotipos sobre los latinos. Pero si bien yo soy latino, nacido y criado en el este de Los Angeles, también he vivido y trabajado en la comunidad de los anglos. He visto cómo los anglos y los latinos manejan su dinero y he tomado cuidadosa nota de las diferencias. Para entender de dónde vienen estas diferencias, he investigado la historia y la cultura de los latinos. Basándome en lo que aprendí, llegué a reconocer cómo nuestra historia ha creado estas 10 barreras. Desde entonces, he estudiado sociología, psicología y desarrollo personal para tratar de entender y, aún más importante, para saber cómo eliminar para siempre los efectos negativos de estas barreras.

Mi propósito no sólo es mostrarle cómo su relación con el dinero puede ser determinada por estas 10 barreras; es también ayudarle a educar a sus niños y nietos para que ellos también puedan aprovechar todas las enormes oportunidades que tienen a su alcance. Mi meta final es a la comunidad latina. Mientras continuemos bajo el poder de estas creencias culturales, habrá gente, latinos, anglos, gente de todas las razas y grupos étnicos, que gustosamente se aprovecharán de nosotros. Pero con un poco de conocimiento y conciencia de cómo hemos sido enseñados a pensar, y con la determinación de romper estos viejos patrones, podemos empezar a hacernos cargo de nuestro propio futuro económico. Y con una visión clara, podemos verdaderamente crear la grandeza financiera para nosotros, nuestros hijos y toda nuestra comunidad.

Pues bien, aquí vienen las 10 barreras. A medida que lea sobre cada una de ellas, no piense únicamente en si tiene o no estas creencias. Pregúntese, ¿Cómo he notado estas creencias en mis padres? ¿En mis vecinos? ¿En mis hijos? ¿De qué manera la gente que conozco, e incluso yo mismo, hemos sido afectados por esta barrera? Luego, tómese un momento para decidir si quiere continuar creyendo eso. Si lo quiere hacer, está bien. No escribo esto para decirle qué creer. Pero, por favor, primero piense en lo que esta barrera le puede costar si continúa creyendo en ella, y lo que una nueva creencia le puede dar si usted decide ponerla a prueba.

Después de todo, tener libertad para elegir nuestras creencias es una de las razones por las que millones de personas han venido a Estados Unidos. Pero hay un secreto. También podemos cambiar nuestras creencias si éstas no nos convienen. Las decisiones que usted haga acerca de estas barreras pueden dar forma, para bien o para mal, a su futuro económico. Entonces, por favor, elija bien, porque usted debe saber que sus opciones tendrán consecuencias de largo plazo.

¡Comencemos el viaje!

Barrera #1

El Sistema Patrón-Peón: Depender de que Otros Se Ocupen de Usted

Hasta hace muy poco tiempo, muchas sociedades de los países latinoamericanos eran sociedades principalmente agrícolas donde la mayoría de la gente cultivaba la tierra. Pero la tierra era en realidad propiedad de otra persona, el patrón. El patrón era la persona más poderosa de la región. Era dueño de las tierras, del dinero, de las conexiones con los funcionarios. Sin embargo, él necesitaba una gran cantidad de gente para mantener sus propiedades, por lo que usaba todo su poder e influencia para asegurarse de que la única opción para los campesinos de los alrededores fuera trabajar para él. El patrón compraba la tierra, desalojaba a otros granjeros, y usaba todo tipo de tácticas, hasta que la mayoría de la gente decidía, "Es mejor trabajar para el patrón y así tener algo, que independizarme con la esperanza de llegar a tener más. Tengo miedo de no sobrevivir si me independizo." Por lo que, si bien el sistema de patrón–peón daba cierta clase de beneficio económico mínimo a los empleados, nunca les daba la oportunidad de romper la dependencia e independizarse.

Sin embargo, el sistema de patrón–peón tenía una ventaja: el patrón tenía la responsabilidad de cuidar de sus obreros, satisfacer sus necesidades y ocuparse de ellos cuando tenían problemas. Como los peones sabían que no podían confiar en el gobierno, o en ninguna otra institución importante, llegaron a depender del patrón para todo. Dependían de la persona con más riqueza y poder para que los ayudara en tiempos difíciles.

La herencia cultural de dependencia que es parte integral del sistema patrón–peón afecta a muchos latinos hasta el día de hoy. Con mucha frecuencia buscamos a alguien para que se ocupe de nuestras necesidades en vez de ocuparnos de ellas nosotros mismos. Por ejemplo, no nos hacemos cargo de nuestras propias finanzas porque suponemos que la compañía, el Seguro Social, nuestra familia o algún misterioso tercero se ocupará de nosotros. Creo que la herencia del sistema patrón–peón es también una de las razones por la que algunos latinos terminan en el sistema de Asistencia Pública. Es posible que muchas familias en áreas de pocos ingresos de las comunidades latinas vean en la asistencia que da el gobierno un "patrón" que supuestamente va a ocuparse de ellos. Ese es el patrimonio de una cultura de dependencia.

Otra manera en que el sistema patrón–peón puede afectar a los latinos es la siguiente: puede ahogar nuestros deseos y sueños de empresa. Si el sueño americano es tener un negocio propio, el sueño para muchos padres en las comunidades latinas es que sus hijos vayan a trabajar para una compañía grande. Los padres creen que, igual que el patrón, la compañía grande se ocupará de sus hijos. Les dará una fuente de ingresos constante, tal vez ascensos, con seguridad y una pensión. Si sus hijos quieren cambiar de trabajo o quieren independizarse e iniciar su propio negocio, los padres les aconsejan no hacerlo. "Es un riesgo muy grande," dice la generación más vieja. "Quédate donde estás seguro." Los jóvenes latinos aprenden temprano y muy bien la lección de que alguien se ocupará de ellos. En realidad, la aprenden tan bien que muchos latinos viven con sus padres hasta después de cumplir veinte años. Como el cómico latino George López dijo en una de sus actuaciones: "¿Saben por qué no hay ningún latino sin hogar? Porque los latinos nunca se van del hogar." Desgraciadamente, esta tendencia a no dejar el hogar no es sólo un reflejo de la unión de la familia latina; es en realidad una educación de dependencia para los jóvenes latinos. Van a trabajar inmediatamente después de salir de la escuela secundaria o de ir por un tiempo a la universidad, pero tienen que vivir en su casa porque no ganan mucho. Aun cuando se casan y tienen hijos, se quedan con sus padres porque no se pueden dar el lujo de mudarse. "Vamos a quedarnos aquí hasta que ahorremos lo suficiente para el pago inicial de una casa," dicen los hijos, pero nunca lo hacen. En lugar de eso, gastan el dinero que les sobra en fiestas, porque sus necesidades básicas están atendidas. No tienen una perspectiva a largo plazo ni necesidad de ser responsables. ¿Por qué serlo? Sus padres se ocupan de ellos y, en su momento dado, piensan ellos, sus propios hijos harán otro tanto.

La mentalidad patrón–peón también afecta a latinos más responsables. Muchos padres latinos de edad avanzada dependen de que sus hijos se ocupen de ellos. Rara vez se ven latinos en residencias para ancianos u otras instituciones de cuidado a largo plazo porque la cultura dicta que la familia se ocupe de sus miembros, cualesquiera sean las circunstancias. Desgraciadamente, quienes supuestamente deben ocuparse de padres de edad avanzada están, generalmente, criando a sus propios hijos al mismo tiempo. Se convierten en una "generación sandwich," comprimida entre los aprietos financieros y la falta de tiempo, cuidando de padres ancianos y criando niños. "Nunca seré una carga para mis hijos," generalmente promete esta gente, y acaba por caer en el mismo patrón cultural cuando llegan a viejos.

En la economía actual, es obvio que la manera de hacer las cosas según el sistema patrón–peón significa un atraso de cien años. No hay un patrón oficial en Estados Unidos que se ocupe de ninguno de nosotros, latinos, anglos, o cualquier otro grupo cultural. El Seguro Social no lo hará; no sólo porque el Seguro Social no fue diseñado para ser la fuente principal de ingresos jubilatorios de nadie, sino porque muchas fuentes nos dicen que para el año 2038 no habrá suficiente dinero para cubrir las necesidades de los jubilados. Y las pensiones y los beneficios de jubilación de las grandes compañías...bueno, como la gente que trabajó para Kodak, Polaroid, Enron, TWA y WorldCom saben, las promesas de ingresos jubilatorios y el pago real pueden ser muy diferentes cuando llega momento de la verdad. En realidad, la mayoría de los trabajadores de Estados Unidos no pasará suficiente tiempo en una misma compañía para tener derecho a una jubilación. La mayoría de nosotros tendrá tres o cuatro carreras diferentes y diez trabajos diferentes en el curso de nuestra vida laboral. Sume a eso el hecho de que cada generación vive más tiempo: de acuerdo a las proyecciones, un niño nacido hoy probablemente viva ciento dos años. Aun aquellos de nosotros que nacimos en el siglo veinte viviremos más tiempo debido a los nuevos medica-

mentos, mejores tratamientos para las enfermedades y otros ade-
lantos. Si nos jubilamos a los cincuenta y cinco años (como nos
gustaría hacerlo a la mayoría de nosotros), podemos anticipar
veinticinco, treinta, hasta cuarenta años, en los cuales vamos a
necesitar mantenernos sin trabajar. No conozco su situación,
pero yo no quiero ser una carga para mis hijos (o para la sociedad) por veinticinco años o más.

Lo que significa todo esto es que *debemos asumir la responsabilidad financiera personal nuestra y la de nuestro futuro, a partir de ahora.*
Tenemos que comenzar a ahorrar para nuestra jubilación tan
pronto como sea posible. Tenemos que hacer nuestros propios
planes y no depender de nuestros padres, hijos, empleadores o
del gobierno para que se ocupen de nosotros. Yo les aconsejo a
mis clientes que aprovechen los planes de jubilación que ofrecen
la mayoría de los empleadores. No los "planes de pensión," pues,
como dije antes, usted no puede confiar en que una compañía le
pague una pensión, pero sí en los planes 401(k), y otros planes de
jubilación donde usted pone una cierta cantidad cada año en una
cuenta especial. No tiene que pagar impuestos sobre ese dinero
hasta que lo retire (lo que, con un poco de suerte, no será hasta
que se jubile), y muchos empleadores tienen programas en los
que contribuyen a sus ahorros aportando la misma cantidad de
dinero que usted aparta.

Y ya que estamos en eso, algunos de mis clientes no participan
en los planes 401(k) que ofrecen en sus trabajos porque tienen
miedo de que la compañía tenga algún tipo de "derecho" sobre
ese dinero, o de que, si la compañía deja de existir, el dinero del
plan 401(k) también desaparecerá. Pero nada puede estar más
lejos de la verdad. Todo el dinero que usted pone en un plan
401(k) es suyo. La única manera en que puede desaparecer es si

usted hace malas inversiones. Y yo tengo la esperanza de que al final de este libro usted sea capaz de elegir sus inversiones de una manera un poco más sabia.

Para ocuparnos de nuestro bienestar financiero, sin embargo, tenemos que estar dispuestos a correr algunos riesgos. Una de las mejores maneras de llegar a tener dinero y aprovechar al máximo las oportunidades disponibles en Estados Unidos es comenzar nuestro propio negocio; pero ser empresario encierra muchos riesgos, y es difícil para mucha gente (no sólo los latinos) dar ese salto. Para aprovechar al máximo nuestras oportunidades, para obtener el mayor beneficio financiero del dinero que ganamos, tenemos que deshacernos de la idea de que "alguien" se ocupará de nosotros. Tenemos que responsabilizarnos de todo, y buscar diligentemente la ayuda que necesitamos para hacerlo de la mejor manera posible. Tenemos que convertirnos en patrones de nuestras propias finanzas, carreras y futuros.

Barrera #2

Colchones y Jarros de Mayonesa: Almacenar en Vez de Invertir el Dinero

Frecuentemente llegan a mi oficina clientes con fajos de billetes en la mano. "Necesito invertir esto," me dicen.

"Mi padre (o abuelo) murió recientemente y hemos encontrado todo este dinero escondido debajo del colchón." Un hombre encontró $25,000 que su abuela había escondido en varias latas de café. ¡La abuela había muerto hacía cuatro años!

¿Dónde guarda usted su dinero? Si es como muchos latinos, comienza poniendo todo su cambio en jarros de mayonesa. Luego pasa a un botellón de agua de cinco galones. (Mis padres tenían dos botellones de cinco galones, uno lleno con monedas de 1 centavo y el otro con monedas de 25, 10 y de 5 centavos. (¡Los botellones eran tan pesados que no podían levantarlos para llevarlos al banco!) Llega el momento en que usted cambia sus monedas por billetes y los pone debajo del colchón o en una lata de galletas o un recipiente de harina. Y, si finalmente decide invertirlo, a lo sumo llevará su efectivo al banco local y lo pondrá en una cuenta de ahorros de bajo interés.

¿Por qué? Con todas las diferentes clases de inversiones que ofrecen los bancos, comisionistas y asesores financieros, ¿por qué tan pocos latinos sacan partido de los instrumentos financieros comunes como acciones, bonos, fondos de inversión y otros? Como asesor financiero, ésta fue una pregunta importante para mí, por lo que comencé a preguntar a gente en mi comunidad qué estaba pasando exactamente, a gente como mi padre, un hombre de negocios que ha vivido en el este de Los Ángeles por cuarenta y siete años. Concluí que la razón principal por la que muchos latinos guardan su dinero en jarros de mayonesa y debajo de colchones es por falta de información y educación sobre las finanzas.

Los latinos entendemos el dinero; somos muy buenos para administrarlo y ahorrarlo, para hacer presupuestos y hasta en enviarlo lejos para ayudar a familiares en nuestros países de origen. Pero como mucha gente, tenemos miedo de poner nuestro dinero, que tanto nos ha costado ganar, en cosas que no entendemos. Por eso vamos al banco local y abrimos una cuenta de cheques o una cuenta de ahorros (que pagan casi nada de interés) porque sabemos que en cualquier momento podemos ir al banco y sacar nuestro dinero. Eso es sencillo de entender y manejar.

Sin embargo, con acciones o bonos y muchas otras inversiones, no podemos imaginar que nuestro dinero esté invertido en ningún lugar a menos que hayamos comprado acciones o bonos en un negocio local. Nos sentimos incómodos con instrumentos financieros como los bonos o las acciones porque son nada más que "pedazos de papel" o líneas en un balance de cuenta. A menos que realmente entendamos los beneficios de invertir, ¿por qué vamos a querer sacar dinero de donde podemos verlo y ponerlo en un lugar donde no podemos?

Pero hay un tipo de inversión que la mayoría de los latinos hacen. Como queremos poner nuestro dinero en algo tangible, compramos bienes raíces, algo que podemos ver, pisar y visitar en coche con nuestra familia, mientras señalamos el lugar con orgullo. También creo que esta tendencia a adquirir bienes raíces nos viene de la historia principalmente agrícola de muchos de los países de procedencia de los inmigrantes latinos. La tierra siempre ha representado riqueza, por lo que creemos que ser dueños de bienes raíces es la mejor manera de llegar a ser rico.

Por supuesto, los bienes raíces tienen su lugar en muchos planes financieros. Yo creo firmemente en ser dueño de casa, o en ser dueño de la propiedad o del edificio donde se encuentra su pequeño negocio, si es que tiene sentido desde el punto de vista económico. Pero los bienes raíces no deben ser su única inversión. Hay muchas otras clases de inversiones que pueden producir ganancias mucho más grandes en un período mucho más corto de tiempo.

La verdad sobre los colchones y los jarros de mayonesa es ésta: *el lugar más inteligente para poner su dinero no es necesariamente donde usted lo pueda ver sino donde usted sepa lo que está haciendo.* Con sólo un poco de educación y esfuerzo, es posible que su dinero, que tanto le costó ganar, trabaje mucho más para usted y esté mucho más seguro que en un jarro o invertido en un solo lugar. La pregunta no es: ¿dónde va a estar seguro mi dinero? sino ¿qué necesito saber para que mi dinero me dé la mayor ganancia sin sobrepasar un nivel de riesgo con el cual me siento cómodo?

Tres categorías de inversiones

Entender cuestiones de dinero no tiene que ser difícil. Hay unos pocos conceptos simples que es necesario aprender para saber dónde poner nuestro dinero una vez que superamos la etapa de "cambio chico." Básicamente, hay sólo tres tipos de inversiones fundamentales: efectivo, fijas y de renta variable.

▶ **Efectivo**

Todos debemos tener una cierta cantidad de efectivo a mano para emergencias y gastos generales, pero eso no significa que lo tiene que tener debajo del colchón. Hay varias clases de inversiones que le permiten acceder a su dinero inmediatamente y seguir ganando intereses y dividendos sobre lo que ha invertido. Las inversiones en efectivo pueden ser en dinero efectivo, cuentas de ahorro, cuentas de fondos de dinero, certificados de depósito a corto plazo (menos de un año) también llamados CDs, fondos de inversión y certificados del tesoro de Estados Unidos. Todas estas inversiones son de alta liquidez (esto significa que las puede convertir en efectivo de un momento a otro) y se corre muy poco riesgo de perder dinero en la inversión.

▶ **Inversiones fijas**

Con estas inversiones, usted presta dinero a una organización o a un individuo y ellos le devuelven el dinero luego de un tiempo especificado. Mientras tanto, usted recibe interés o dividendos a una tasa mayor que la que hubiera recibido si hubiera usado instrumentos en efectivo porque ha comprometido su dinero por un período de tiempo más largo. Las inversiones fijas incluyen bonos a largo plazo (del gobierno, municipales y de corporaciones), bonos de fondos de inversión, contratos de compromiso secundario y cualquier otro préstamo a largo plazo.

Con las inversiones fijas usted obtiene una mayor tasa de interés, pero pierde liquidez, es decir no puede sacar su dinero de esas inversiones tan rápidamente como lo puede hacer con los instrumentos en efectivo. Y el capital principal fluctúa con los cambios de las tasas de interés. Con los bonos o cualquier otro tipo de inversiones fijas, cuando las tasas de interés suben, el capital principal (el valor que aparece en el bono, compromiso, préstamo, etc.) baja, y viceversa. Por consiguiente, si usted vende el bono, tal vez tenga que venderlo por menos de lo que recibiría si lo conservara hasta que venciera. Es posible además que se le aplique una multa por retirar su dinero antes de tiempo. Las inversiones fijas son muy buenas para recibir un ingreso garantizado, pero no para inversiones a largo plazo.

▶ **Inversiones de renta variable**
Cuando usted hace una inversión de renta variable, en vez de prestar dinero usted es dueño. Usted compra algo, acciones, bienes raíces u oro por un cierto precio, porque cree que algo será más valioso con el correr del tiempo. Sin embargo, el valor de esa inversión sube o baja de acuerdo con el mercado. Como dueño de esa inversión, usted está corriendo un riesgo.

La mejor manera de entender las inversiones de renta variable es pensar en ellas como si fueran una casa. Cuando usted compra una casa, la cantidad que paga por ella dependerá de su valor en el mercado corriente, ¿de acuerdo? Y si usted quiere vender esa casa en cinco años, ¿puede predecir cuánto va a costar la casa en ese momento? Por supuesto que no. Pero esto es lo bueno de las inversiones de renta variable: un mayor riesgo puede significar una mayor ganancia. Digamos que el vecindario donde se encuentra su casa se ha hecho muy popular en los cinco años desde que la compró. Casas exactamente como la suya, en la misma calle, se están vendiendo por el doble de lo que usted pagó hace cinco años. Usted ha duplicado su dinero porque el mercado ha cambiado a su favor. Eso es lo que ocurre con las inversiones de renta variable.

Algunos ejemplos de inversiones de renta variable son las acciones, fondos de inversión de renta variable, bienes raíces, metales preciosos y objetos de arte. Estas inversiones no ganan una tasa de interés constante y el valor de su capital principal (el dinero que usted invirtió) puede fluctuar. Si usamos el ejemplo de la casa, imagínese que su vecindario se ha deteriorado, ¿es posible entonces que su casa valga menos de lo que pagó por ella? Desgraciadamente, sí. Eso es lo que quiero decir cuando digo que el valor de su capital principal puede subir o bajar.

En general, usted puede vender las inversiones de renta variable cuando quiera, pero será al precio que el mercado esté dispuesto a pagar. También puede perder dinero simplemente porque es un mal momento para vender esa acción específica o ese fondo de inversión o esa casa. Como las inversiones de renta variable ofrecen la mayor tasa de ganancia para su dinero, le pueden convenir mucho como parte de su cartera de inversiones a largo plazo. Sin embargo, la probabilidad de perder dinero también es mayor.

¿Cuál de estos tres tipos de inversiones es el mejor? A pesar de lo que a las compañías de inversiones o los vendedores de servicios financieros les gustaría hacerle creer, la inversión perfecta no existe. Todas las inversiones tienen un cierto nivel de riesgo; todas las inversiones tienen ventajas y desventajas. Pero el tipo de inversión que usted decida hacer tiene que estar basado en las siguientes cuatro preguntas. (En la segunda parte, seguiremos un detallado proceso de 10 pasos que lo ayudará a crear su propio plan financiero.)

Primero, *¿cuáles son los objetivos de su inversión?* Uno de sus objetivos debe ser ahorrar para su jubilación, pero poner todo su dinero para la jubilación debajo del colchón sería muy tonto. Aun si coloca ese dinero en una cuenta de ahorro, ganaría un poco de interés. Para un plan de jubilación a largo plazo, le conviene colocar su dinero donde éste pueda aumentar tanto como sea posible hasta que usted lo necesite. Sin embargo, imagínese que su objetivo es tener un fondo de emergencia para poder seguir pagando las cuentas por unos meses si se accidenta en el trabajo. En ese caso, usted no pondría ese dinero en bienes raíces, porque tal vez no pueda acceder a su dinero con suficiente rapidez. Las inversiones que elija deben ajustarse al fin que quiera darle a su dinero.

Segundo, *¿cuándo va a necesitar ese dinero?* Si usted recién ha comenzado a trabajar y quiere ahorrar para su jubilación, poner dinero en rentas variables puede ser una buena manera de invertir para su fondo de jubilación. Pero imagínese que está ahorrando para el matrimonio de su hija. Ella acaba de cumplir veintiún años y tiene un novio serio, por lo que probablemente usted va a necesitar ese dinero en dos o tres años. Una inversión fija como un bono, que no le permitirá retirar ese dinero por otros cinco años, no sería adecuada. Tampoco funcionaría poner su dinero en acciones o en un terreno con la esperanza de que el mercado esté alto cuando usted necesite venderlos. En este caso, la mejor inversión podría ser la cuenta de mercado de dinero que pague más, o un depósito a plazo fijo en un banco que pague un interés específico y que venza (eso quiere decir que usted lo puede convertir en efectivo sin pagar multa) en un año o dos. Al elegir sus inversiones, siempre debe tener muy claro cuándo va necesitar el dinero que está invirtiendo.

Tercero, *¿qué tan cómodo se siente con estas inversiones?* ¿Cuánto sabe sobre la inversión que quiere hacer? Muchos clientes me vienen a ver y me dicen, "no tengo ninguna inversión en acciones," y sin embargo, en su plan de jubilación 401(k), tienen acciones de fondos de inversión. Cuando les digo, "algunos de sus fondos de inversión trabajan con diferentes acciones," me miran completamente sorprendidos. También veo esta falta de claridad en clientes que vienen a verme luego de consultar a otros asesores financieros. "El asesor de mi cuñado me dijo que pusiera mi dinero en futuros de oro," me dicen. "Ahora me dice que he perdido 80 por ciento de mi inversión. ¿Cómo pudo haber pasado eso?"

No le estoy diciendo que usted tiene que ser un experto en bonos o acciones para colocar su dinero en bonos de ahorro o en acciones de IBM, pero usted debe saber algo sobre el área en la que está invirtiendo. Tengo la esperanza de que este libro le pueda dar las bases para hacerlo, pero si usted no entiende una inversión, debe tomarse el tiempo para aprender lo suficiente sobre ella de manera que se sienta confortable al colocar su dinero allí, y si no, elegir algo diferente. Hay muchas buenas inversiones que todos pueden entender, pero usted tiene que tomarse el trabajo de hacer las preguntas y obtener la información que necesita.

Cuando esté tratando de entender cómo hacer inversiones, tenga cuidado cuando escuche a los que se dicen "expertos" financieros y ofrecen asesoría gratis en Internet, los programas de televisión, en libros o por la radio. Es muy fácil dejarse engañar por lo que yo llamo "el ruido" de las inversiones. Lo que los expertos le dicen puede no funcionar en su situación particular. Además, la mayoría de las veces, lo que escucha es una "frase hecha," una o dos oraciones rápidas que la mayoría de nosotros puede interpretar incorrectamente. Lo sé porque siempre me invitan a un programa de la televisión hispana aquí en Los Ángeles. La estación me da dos minutos para explicar qué está sucediendo en el mercado, pero ¿quién puede explicar finanzas en dos minutos? Nadie. Yo trato de encapsular mi mensaje en unas pocas palabras, pero siempre digo que mis comentarios no deben ser tomados como un consejo financiero. Sin embargo, me preocupa que alguna gente todavía pueda escucharme y decir, "Louis dijo que a las acciones de las compañías farmacéuticas les está yendo bien, voy a comprar algunas," cuando eso no es realmente lo que yo quise decir.

Conozco a varias personas que invirtieron en fondos de inversión administrados por conocidos "expertos" de los medios financieros y perdieron hasta la camisa. Los expertos no lo saben todo. Si lo supieran, serían tan ricos que probablemente no necesitarían estar ofreciendo consejos. No escuche el ruido de las inversiones. Sí, usted puede escuchar a los expertos financieros y aprender los principios básicos, como espero que lo haga conmigo. Pero yo no me atrevería a hacer en este libro recomendaciones específicas para que usted invierta sus dólares. Busque un financista profesional (Vea la barrera 3) que lo aconseje de acuerdo a sus metas específicas, tiempo y conocimiento. Y asegúrese de haber entendido sus recomendaciones antes de poner un centavo en algo.

Cuarto, *¿qué riesgo está dispuesto a correr?* Toda inversión implica un riesgo. Aun si usted guarda su dinero en el colchón, podría sufrir un incendio o un robo y perderlo todo. Si deposita su dinero en una cuenta de banco garantizada con una buena tasa de interés, el banco también podría cerrar. O las tasas de interés podrían cambiar: cuando la Reserva Federal bajó las tasas de interés once veces en el 2001, el interés que los bancos estaban ofreciendo en cuentas de renta variable bajó hasta un 2 por ciento, casi el mismo que una cuenta de ahorro común ¡y no mucho mejor que poner el dinero en el colchón! El valor de la inversión también puede cambiar dependiendo de las condiciones del mercado. La gente acostumbraba pensar que las acciones de las compañías de gas y electricidad eran una inversión muy segura, pero luego el mercado cambió (especialmente aquí en California) y las acciones de estas compañías perdieron buena parte de su valor.

No importa cómo invierta su dinero, en efectivo, en inversiones fijas o de renta variable, siempre habrá cierto riesgo. En verdad, el mayor riesgo puede venir de no arriesgarse demasiado, porque de esa manera con seguridad su dinero va a continuar perdiendo valor simplemente a causa de la inflación. (La inflación es lo que sube el costo de la vida cada año. Significa que el dinero que usted ahorra para el futuro no comprará tanto cuando ese futuro llegue. Por ejemplo, $100 en el año 2004 compran mucho menos que lo que compraban en 1990. El riesgo es algo que tenemos que entender, aceptar y aprender a manejar. Hasta podemos aprender a usar el riesgo para nuestro beneficio.

Por ejemplo, si usted tiene veinticinco años y está invirtiendo para su jubilación, puede correr un poco más de riesgo porque tiene más tiempo para recuperar cualquier pérdida que pueda sufrir. Pero la mejor manera de disminuir el "riesgo de correr riesgos" es colocar su dinero en diferentes inversiones; en otras palabras, diversificar.

La Clave para Alcanzar la Solidez Financiera: Diversificación

Hay un dicho en inglés que dice: "No ponga todos sus huevos en una canasta." ¿Por qué no? Porque si algo le sucede a la canasta, perderá todo los huevos. La diversificación impide que lo pierda todo: el dinero por el que usted se sacrificó tanto. Si coloca su dinero en diferentes tipos de inversiones (no diferentes inversiones en lo mismo), aunque algo vaya mal con una inversión, el dinero que tiene en las otras estará seguro.

Piense en esto de esta manera. Imagínese que invirtió todo su dinero en un edificio de apartamentos y el edificio se quema, o los inquilinos lo dañan de tal manera que pierde parte de su valor. Si usted hubiera comprado una propiedad que costara menos, e invertido el resto de su dinero en acciones, bonos o fondos de inversión, todavía le quedaría algo de su dinero. Una inversión puede desaparecer completamente, pero las otras probablemente continuarán dándole dinero.

Un buen asesor financiero generalmente lo va a animar a que reparta su dinero colocando parte de él en cada una de las tres categorías de inversiones: efectivo, inversiones fijas y de renta variable. De esa manera, no importa lo que ocurra con los mercados y los bancos, su dinero probablemente estará seguro (sin embargo, debe recordar que toda inversión implica un cierto riesgo). Cuando usted hable con su asesor, es importante que entienda las recomendaciones que él le haga y en qué categoría de inversión va cada parte del dinero. Veo a mucha gente entrar en mi oficina y decir con orgullo, "Mi 401(k) está diversificado. ¡Tengo dinero en veinte fondos de inversión diferentes!" Y sin embargo, cuando miro los fondos que tienen, todos ellos están formados por acciones similares. Eso no es diversificación. Recuerde las categorías:

- **efectivo:** cuentas de ahorro, cuentas bancarias a plazo fijo, cuentas de mercado de dinero, fondos de mercado de dinero
- **inversiones fijas:** bonos del gobierno, municipales y de corporaciones; bonos de fondos de inversión; contratos de compromiso secundario
- **inversiones de renta variable:** acciones, acciones de fondos de inversión, oro, arte, bienes raíces

Cuando está diversificado, usted tiene dinero en cada categoría. En vez de poner todos sus huevos en una canasta, tiene algunos en la que lleva en el brazo, otros guardados donde puede acceder a ellos inmediatamente y algunos muy guardados que están ganando mucho dinero para el futuro. Si comienza con un buen asesor financiero que lo ayude a tener esto claro, sabrá dónde está su dinero. Entenderá las inversiones que ha hecho y cuánto dinero está ganando con ellas. Estará completamente preparado para recorrer el camino a la grandeza financiera.

Barrera #3

Mi Compadre: Cuando Se Consulta a
los (In)Expertos

En la mayoría de los países latinos, siempre que nace un niño los padres se ocupan de elegir a un padrino (o padrinos) para ese niño. Y como el padrino es responsable de ocuparse del niño si algo les sucediera los padres, con frecuencia los padres le piden a la persona más exitosa o con mayor estabilidad económica que conocen que sea el padrino. Esto hace que esa persona sea compadre de los padres. Se supone que el padrino cuidará a ese niño y estará presente para ayudarlo cada vez que sea necesario.

Pero con el transcurso del tiempo esta relación de compadre se desarrolló de esta manera: en la comunidad podía haber una o dos personas bien conocidas y exitosas desde el punto de vista financiero: el comerciante local, o alguien que administraba un negocio provechoso o una fábrica. Esta persona se convertía en compadre de todos sus amigos, asociados y familiares. Y como él era exitoso, otros acudían a él para recibir consejos financieros, aunque se tratara de un área en la que el compadre no tenía experiencia.

Déjeme que le dé un ejemplo. Un hombre joven que conocí tuvo mucho éxito en los deportes. Estaba haciendo gran cantidad de dinero y quería que lo asesoraran sobre qué hacer con él. El padre del joven tenía como compadre a un hombre que era dueño de un exitoso negocio de venta de autos usados. Este hombre sabía mucho sobre cómo mejorar y administrar su negocio, pero no sabía nada sobre inversiones. Sin embargo, en vez de ir a un asesor financiero profesional, el joven fue a ver al compadre. Y desgraciadamente, a raíz de eso, perdió mucho de su dinero.

Culturalmente, los latinos confiamos en gente que conocemos, aun si esa persona no es experta en el área en que necesitamos asesoría. Esto afecta absolutamente cómo y dónde invertimos nuestro dinero. Como grupo cultural nos sentimos cómodos invirtiendo en nuestra casa, en propiedades, en activos que podemos ver y tocar, por lo que uno de los profesionales más fáciles de encontrar en una comunidad latina es un agente de bienes raíces. Como muchos de estos agentes parecen exitosos y con conocimientos de finanzas, la gente que está buscando un compadre que les dé asesoría financiera va a ver al agente de bienes raíces. Y, por supuesto, de la misma manera en que un cirujano le dirá que usted necesita una operación y el agente de seguros le dirá que necesita un seguro, el agente de bienes raíces le dirá que usted necesita comprar una propiedad. Como consultamos a gente que sólo conoce una cosa, un área, nunca vemos todas las posibilidades de inversiones que hay.

Ésta es otra cosa que ocurre en las comunidades latinas. En México, como en algunos otros países latinoamericanos, a los abogados (es decir alguien que sabe de leyes) se les llama notarios. En Estados Unidos, un notario es alguien que simplemente sirve de testigo y confirma las firmas de personas en documentos legales. Por esta confusión muchos latinos van a un "notario" en su comunidad, pensando que es un abogado. Le piden asesoría legal, ¡y frecuentemente el notario la da! He tenido varios clientes que vinieron a mí con problemas financieros que se debían a dificultades legales. Yo les decía, "¿A quien consultó sobre el problema legal?" y ellos me respondían, "Fui al notario."

En español hay un dicho popular: "dime con quién andas y te diré quién eres," y en ningún caso es esto más cierto que en nuestra vida financiera. Dígame a quién consultó sobre sus finanzas, y sin saber nada más sobre usted le puedo decir qué posición financiera tiene. Y si estamos tratando con un tío que es dueño de un negocio de autos usados, o un perito mercantil o un notario, en vez de ir a un contador cuando tenemos un problema contable o a un abogado para un problema legal o a un planificador financiero cuando queremos invertir nuestro dinero sabiamente, los resultados van a reflejar el nivel de inexperiencia de la personal que consultamos. Desgraciadamente, en el barrio hay muy pocos asesores financieros profesionales. En la comunidad financiera se ha dado por sentado que los latinos no tienen necesidades financieras porque no tienen recursos. ¿Y qué asesor financiero quiere tener clientes que no tienen dinero para invertir? Pero, por supuesto, esto es completamente falso. Los latinos sí tenemos recursos financieros y tenemos la misma necesidad de asesores financieros buenos y profesionales tanto como cualquier otra persona. Por suerte, cada día hay más profesionales financieros que se están dando cuenta de que hay un enorme mercado en nuestra comunidad y ellos nos están comenzando a brindar servicios financieros de calidad.

Elija un Buen Profesional Financiero

Sin embargo, como he dicho, el nivel de independencia financiera que alcanzamos depende de las personas de las que nos rodeamos y consultamos. Y no todos los profesionales financieros son iguales. Hay buenos contadores y malos contadores, buenos profesionales financieros y otros no tan buenos. Usted necesita entender qué debe buscar en sus asesores financieros. Recuerde, usted los está contratando a ellos. Aun si piensa que ellos saben más que usted sobre finanzas, sigue siendo su dinero con el que ellos estarán trabajando. Por consiguiente, usted debe sentirse cómodo con ellos y también asegurarse de que trabajan bien para usted. Por suerte, usted no tiene que tener un grado de maestría en negocios o finanzas para seleccionar a un gran asesor financiero. Éstas son algunas reglas generales para contratar a cualquier tipo de profesional financiero.

▶ **Contrate asesores financieros que son profesionales de tiempo completo.**
En el barrio no es extraño ver asesores que son sabelotodos. En las vitrinas de las oficinas se pueden ver carteles que indican que el propietario es agente de viajes, agente de bienes raíces, agente de hipotecas, representante de teléfonos celulares, vendedor de tarjetas telefónicas, preparador de declaraciones de impuestos, vendedor de seguros para carros y notario. El

dicho, "el que mucho abarca, poco aprieta," significa que no se pueden hacer muchas cosas bien si se trata de hacerlo todo. Cuando se trate de su dinero, a usted le conviene tratar con un profesional que sepa hacer justamente eso, administrar e invertir dinero. No vaya a un sabelotodo; contrate asesores financieros que sean especialistas en áreas específicas.

▶ **Busque a alguien competente, no el mejor precio.**
Otro dicho nos dice que, "Lo barato, sale caro." Un buen asesor probablemente ha pasado mucho tiempo estudiando su área de especialización y tiene diplomas y certificaciones en diferentes especialidades. Cuando usted confíe su dinero a alguien, debe exigir calidad y capacidad, no buscar "el mejor precio."

Al contratar a un asesor financiero, busque a alguien con años de experiencia en la profesión, con credenciales profesionales y una sólida reputación. Luego, averigüe cuánto cobra. La mayoría de las veces, encontrará que los altos honorarios están más que compensados por los mejores resultados y una mayor tranquilidad mental para usted.

Ahora veamos algunas cosas que no debe hacer al contratar los servicios de un asesor profesional.

▶ **No contrate a alguien que recién comienza a trabajar como asesor financiero o que lo está haciendo como una ocupación secundaria.**
Como dije antes, a usted le conviene alguien que esté capacitado en finanzas y que concentre toda su energía y tiempo en esa área. Usted tampoco tiene por qué ser el conejillo de indias

de alguien que recién está empezando. Lo que usted busca es alguien con al menos cinco años de experiencia. ¿Por qué? Las estadísticas muestran que el 80 por ciento de la gente en la industria de servicios financieros dejan la profesión en de un período de cinco años. Su dinero es demasiado importante como para permitir que alguien practique con él.

▶ **No contrate a alguien que le dice que es un experto en el área y luego le ofrece ser vendedor para su compañía.**

En los últimos diez años, han aparecido muchos negocios de mercadeo de múltiples niveles, donde una persona le vende una póliza de seguros o un fondo de inversión y luego le ofrece incentivos (como comisiones y grandes descuentos) si usted está dispuesto a ser su "vendedor." Esto no es sino una manera en la que el vendedor hace un poco de dinero adicional. Él espera que usted les venda pólizas a su familia y amigos, quienes se las comprarán por un sentido de obligación. En vez de que la persona que le vendió a usted haga el trabajo, usted lo está haciendo para ellos; y ese vendedor gana una comisión por las ventas que usted hace.

Una persona que está más interesada en conseguir vendedores que en preocuparse por los intereses de sus clientes no es la más indicada para recomendar servicios financieros. Si usted quiere trabajar en los servicios financieros está muy bien, vaya a la escuela y estudie para contador o asesor financiero. Si usted quiere ser vendedor, encuentre una compañía que ofrezca buena capacitación y que pague en relación a lo que usted produce, no en base a la cantidad de gente que usted convence para que sean sus vendedores. Pero no elija profesionales financieros que tratan de incorporarlo en sus negocios. (Y ya que estamos en el tema, esto no significa que todas las organizaciones de nivel múltiple sean malas, pero, en mi opinión, no pertenecen al campo de los servicios financieros.)

► **No contrate a sabelotodos.**

Como ya dije, es imposible ser experto en más de un área. (De vez en cuando, he encontrado personas que pueden ser muy buenas en dos áreas, pero esto es muy raro.) Cuando alguien es muy bueno en lo que hace, no necesita ganar su dinero en varios lugares. Si usted elige un asesor financiero que está haciendo malabares con cinco carreras diferentes, le aseguro que nunca alcanzará la grandeza financiera.

► **No contrate a alguien que no le dice de entrada lo que le va a cobrar.**

Todo buen asesor financiero necesita que le paguen. Hasta los que ofrecen asesoría "gratis" están haciendo dinero, generalmente a través de una comisión por lo que venden. Pregúntele al profesional financiero cómo le va a cobrar. ¿Le va a cobrar una comisión, un honorario fijo, por hora? Usted necesita saber cuánto costarán esos servicios. No caiga en la trampa de, "No le va a costar nada, mi compañía me va a pagar a mi." Usted siempre paga, de una manera u otra, por lo que es mejor saber cuál será el costo desde el principio.

► **No contrate a un familiar.**

Esto es difícil para los latinos, porque la mayoría tenemos a la familia como uno de nuestros valores más altos. Pero si usted piensa que las discusiones familiares sobre dinero son malas,

¡ni se imagina las discusiones que se arman cuando un familiar le da asesoría financiera "profesional" que no funciona! He visto más familias separadas por esto que por cualquier otra cosa. ¡Mantenga separada a la familia de los negocios! Yo refiero mis parientes a otros planificadores. Si ellos quieren, yo les doy una segunda opinión. Es fabuloso ir a fiestas del Día de Acción de Gracias y no tener que lidiar con diez parientes cuyas carteras de inversión han bajado 20 por ciento durante el año. Las reuniones familiares son mucho más placenteras cuando usted respeta esta regla.

▶ **No contrate a alguien que le promete algo demasiado bueno para ser cierto.**
"Usted puede duplicar su dinero en un mes." "Esto es algo seguro, no hay absolutamente ningún riesgo." "Puede poner todo su dinero en esta inversión y dormir tranquilo los próximos veinte años." No existe una inversión perfecta y sin riesgo. Nada es perfecto. ¡Nada! Cada inversión tiene su lado bueno y su lado malo. Asegúrese de que el profesional explique todo a su completa satisfacción antes de poner un centavo en una inversión. Y siempre recuerde pedir que le presenten todo lo que le prometen por escrito.

▶ **No contrate a un asesor no certificado.**
Las credenciales significan mucho para alguien que ha estudiado un tipo particular de inversiones o de servicios financieros. La mayoría de la gente ha oído la sigla CPA, que significa Contador Público Certificado. Los CPAs han pasado varios años en la universidad y han aprobado exámenes que les dan el derecho de llamarse CPAs. Hay credenciales para planifica-

dores financieros (CFP™), para preparadores de declaraciones de impuestos (EA), para asesores que aconsejan a la gente sobre el aspecto financiero del divorcio y sobre cuestiones de la jubilación, y también sobre otras cuestiones. La mayoría de los asesores incluyen sus credenciales en sus tarjetas de negocios o en todos los escritos que conciernen a sus negocios.

La gente que tiene credenciales en la industria y en una especialidad ha hecho el esfuerzo de estudiar y de pasar difíciles exámenes. Esto no garantiza que sean buenos, pero sí sirve como promesa de que son mejores que alguien que no se preocupa por satisfacer los requerimientos mínimos de la industria.

▶ **No elija a alguien basándose en una "llamada inesperada."**

Si alguna vez alguien lo interrumpió en medio de la cena tratando de venderle un seguro u ofreciéndole un dato "seguro" sobre la bolsa, ya sabe lo que son las "llamadas inesperadas." No contrate a nadie que lo llame a su casa por la noche sin siquiera conocerlo. Créame, los asesores competentes no necesitan hacer esto. Los buenos asesores tienen trabajo más que suficiente por las referencias que de ellos dan sus clientes corrientes.

Algunas Sugerencias para Elegir Especialistas

Lo anterior es lo básico que tiene que tener en mente cuando contrata a cualquier asesor financiero. Pero, dependiendo de sus necesidades, tal vez usted quiera consultar a un especialista. Éstas son algunas de las especialidades que puede encontrar, una idea general de la clase de servicios que ofrecen y consejos para hallar el que sea mejor para usted.

Planificador Financiero

Un planificador financiero estudiará sus finanzas y creará un plan que lo ayudará a alcanzar sus metas, incluyendo su jubilación y la educación de sus hijos entre otras. Busque un planificador financiero que:

- sea un planificador financiero certificado (CFP™).
- pueda ofrecerle diferentes productos de inversión de diferentes compañías de inversión.
- le prepare un plan financiero específico para usted. Muchos planes financieros son "prefabricados," lo que quiere decir que el planificador simplemente agrega un nuevo nombre y luego le da un conjunto de recomendaciones estándar. Si sus necesidades financieras son muy simples, eso es suficiente. Pero un buen planificador financiero tomará en cuenta su situación específica y creará un plan que se ajuste a sus necesidades. Pídale al planificador financiero que le muestre ejemplos de dos planes financieros. Los planes prefabricados usarán las mismas palabras, excepto en unas pocas áreas. Si los planes son muy similares, créame, no es probable que ese asesor vaya a crear un plan diseñado sólo para usted.
- le haga preguntas sobre sus metas a largo y corto plazo y tome en consideración qué es importante para usted. Si le muestra un producto sin una conversación prolongada sobre sus metas específicas, considere trabajar con otra persona.

■ revise todas sus inversiones, sus estados de cuenta y pólizas de seguro, incluyendo sus beneficios de empleado, antes de recomendarle cualquier tipo de producto para satisfacer sus necesidades.

Agente de Seguros

Un agente de seguros se especializa en asesorar sobre diferentes clases de pólizas de seguro: de vida, incapacidad, salud, propiedad, daños y cosas similares. Cuando busque un agente de seguros, contrate uno que:

■ pueda asesorarlo y venderle productos de seguros competitivos de diferentes tipos de compañías de seguros. Los precios y términos de las pólizas variarán de compañía a compañía; a usted le conviene un agente que le ayude a hallar la mejor póliza para usted, no la mejor póliza que su compañía ofrezca.

■ estudie todas sus necesidades de seguro. Esto incluye salud, vida, incapacidad, vehículos, casa, inquilinos, atención médica extensa y general.

■ no vea el seguro como la solución a todos sus problemas. Algunos agentes le recomendarán que ponga todo su dinero para su jubilación en un póliza de seguro que usted puede retirar luego de llegar a cierta edad. Como ya dije, poner todo su dinero en un tipo específico de inversión es tonto. Todo buen agente de seguros conoce los beneficios de hacer diferentes inversiones.

■ se concentre en sus necesidades, no en las propias. Algunos de los agentes de seguros, no todos, racionalizan que están haciendo lo que más le conviene a usted, cuando la verdad es que se están forrando los bolsillos

vendiéndole pólizas de seguro que le ofrecen una comisión alta a él. Si usted cree que éste es el caso, simplemente váyase. No sienta vergüenza. Usted está cuidando
su dinero de la manera más responsable.

Preparador de Declaraciones de Impuestos

Según su situación financiera, tal vez usted desee que alguien
prepare su declaración de impuestos, ya sea personal o de negocios. Como los códigos impositivos del gobierno federal cambian
casi todos los años, y como las multas que se aplican a declaraciones de impuestos son muy altas, es importante que usted encuentre un buen preparador de declaraciones de impuestos que:

- sea un preparador de declaraciones de impuestos con
  licencia, trabaje en eso a tiempo completo, sea un
  agente registrado o CPA. Si usted necesita ser representado (es decir, si le han auditado en el pasado su declaración de impuestos o piensa que se la van a auditar),
  contrate a un agente registrado o CPA que pueda ir a la
  auditoría con usted. Si usted está en una situación que
  tiene ramificaciones legales, contrate a un abogado
  especializado en impuestos.

- tenga una buena reputación por preparar declaraciones
  de impuestos correctamente, no por obtener grandes
  reembolsos para sus clientes. A nadie le gusta pagar en
  exceso en los impuestos, pero no vaya, por codicia, a
  alguien que le dice que sabe de lagunas legales impositivas "especiales" que sólo él conoce. Siempre cerciórese
  de que el preparador de declaraciones de impuestos
  firme la declaración, y luego revísela usted por alguna

deducción que le parezca sospechosa antes de presen-
tarla. En definitiva, usted es responsable por la exacti-
tud de todo lo que presenta en su declaración de
impuestos. Decir que ignoraba algo no servirá de nada
en una auditoría.

Agente de Bienes Raíces

Debido a que la mayoría de nosotros va a comprar o vender una
casa al menos una vez en la vida, casi todos tratamos con un
agente de bienes raíces en un momento u otro. Pero como los
latinos frecuentemente eligen invertir en propiedades, tal vez
usted encuentre que necesita diferentes agentes para diferentes
tipos de propiedades. Busque un agente de bienes raíces que:

- Se especialice en el tipo de propiedades que usted
  quiere comprar.
- Se especialice en el área geográfica en la que usted
  quiere comprar.
- Sea ético. He visto demasiados latinos perjudicados por
  usar agentes de bienes raíces que falsifican documentos
  para que sus clientes puedan acceder a una casa. Si
  alguien le dice que lo puede ayudar a tener una casa
  porque tiene amigos que son magos (en otras palabras,
  pueden hacer una "movida"), muy cortésmente dígale
  que usted no está interesado.

Abogado Planificador de Sucesiones

Eventualmente, la mayoría de nosotros tiene que pensar en pasar
nuestro dinero y posesiones, nuestro patrimonio, a nuestros hijos,
nietos, etc. Un abogado para planificación de sucesiones está

capacitado para ayudarle a crear un plan (incluyendo un testamento y, si es necesario, un fondo de sucesión) para asegurarse de que su dinero vaya adonde usted quiere. Contrate un abogado planificador de sucesiones que:

■ Se especialice en planificar sucesiones.
■ Estudie su patrimonio cuidadosamente y tome en consideración todas sus necesidades.
■ Sea objetivo y no le imponga ideas propias sobre cómo debe transferir sus activos.

"Dime con quién andas y te diré quién eres," también significa que su fortaleza depende de su punto más débil. Frecuentemente me sorprende la poca atención que ponemos en decidir quién queremos que nos represente. Pero recuerde, sus asesores financieros son un reflejo de quién es usted y de lo que quiere. Elija asesores de confianza, con reputaciones impecables en su profesión y comunidad. Hay cada vez más asesores profesionales, altamente competentes y éticos en la comunidad latina. Pero la tarea de encontrarlos es suya. Pida referencias a gente que usted respeta y admira. Entreviste a todos los profesionales financieros y haga preguntas. Todos los buenos asesores financieros quieren que sus clientes entiendan sus recomendaciones y estrategias, contestan preguntas gustosamente y dan información a sus clientes. Antes de poner un centavo de su dinero en manos de alguien, asegúrese de que usted se siente cómodo con el profesionalismo e integridad del asesor financiero.

Barrera #4

Negocios con un Apretón de Manos:
La Trampa de la Informalidad

La mayoría de los latinos edifican su vida sobre relaciones informales. Preferimos hacer negocios con un apretón de manos en vez de molestarnos en escribir y firmar contratos y acuerdos. Cuando empecé por primera vez a observar las creencias que modelan nuestra relación con el dinero, pensé, "Ah, esto se debe a que somos una gente confiada." Pero he llegado a creer que hay más que eso en esta actitud. Hay cuatro razones por las que preferimos hacer negocios con un apretón de manos.

Primero, *no somos gente confiada: somos leales.* Como casi todas las personas, preferimos hacer negocios con gente que conocemos. Valoramos a nuestra familia y a nuestra comunidad. Queremos ayudar a los que se encuentran cerca, aunque quizá esto no sea lo mejor. Y creemos que si conocemos a alguien, si es un pariente o si ha sido recomendado por un amigo, o si por años ha tenido un negocio en la calle donde vivimos, debemos poder llegar a un acuerdo en casi cualquier cuestión con un simple apretón de manos.

Segundo, igual que otra gente de muchos grupos étnicos diferentes, *los latinos se sienten intimidados por el lenguaje legal de los contratos y acuerdos escritos.* Por ejemplo, la mayoría de nosotros tiene fondos de inversión como parte de sus planes de jubilación, pero ¿usted realmente leyó los folletos de los fondos en los que ha invertido? Si usted alguna vez ha comprado una propiedad y ésta ha ido a custodia, aquí en California hay aproximadamente treinta páginas de documentos repletos de terminología legal y financiera. Como comprador, le corresponde firmar o poner sus iniciales en casi todas las páginas. Bueno, ¡nadie va a sentarse y leer todo eso, mucho menos entenderlo, a menos que sea abogado o perito financiero!

Tercero, *hay una enorme falta de educación financiera en la comunidad latina.* Aproximadamente seis de cada diez jóvenes en el este de Los Ángeles abandonan la escuela secundaria y eso no incluye a los jóvenes que no terminan la primera parte de la secundaria. Y muchos de los jóvenes que comienzan los estudios universitarios no los terminan. En cambio, consiguen un trabajo y comienzan a trabajar para ayudar a su familia. Cuando reciben el cheque del sueldo, ¿abren una cuenta de banco? No. Muchos latinos prefieren usar efectivo. Reciben su cheque, van a canjearlo, toman el dinero y compran todo en efectivo. Entonces, desgraciadamente, no establecen un historial de crédito, algo que los acostumbraría a manejar su crédito con responsabilidad y a obtener tasas de interés más bajo cuando tengan que pedir dinero prestado para comprar cosas, como automóviles y casas.

Cuarto, *muchos latinos* (especialmente los que inmigraron a Estados Unidos y tienen el español como su primera lengua) *tienen un pobre conocimiento del inglés*. Algunos de mis clientes recién se están empezando a sentir cómodos usando el inglés en vez del español. Cuando se les presenta un contrato en inglés, creen que no hay manera de que lo puedan entender. No es de extrañar que tantos latinos abandonen el esfuerzo y le digan al vendedor o asesor, "Confío en usted. Olvidémonos del contrato y démonos la mano, ¿está bien?"

¿Por qué se deja atrapar la gente en la trampa de la informalidad? Vergüenza. La mayoría de la gente no quiere hacer preguntas porque no quiere parecer ignorante. Después, si se meten en una situación difícil, también tienen vergüenza de admitirlo. No van a tratar de salir de un mal contrato, ni siquiera van a denunciar al responsable a una organización como el Better Business Bureau. Prefieren ser estafados a tener que pasar vergüenza. Y como resultado, continúan siendo estafados una y otra vez.

La Informalidad: Un Problema para Clientes y para Prestamistas

Hay dos enormes problemas en eso de hacer negocios con un apretón de mano. El primero es para el cliente. He visto mucha gente (tanto anglos como latinos) que miran televisión, ven una gran oferta en un automóvil, una hipoteca o una tarjeta de crédito, y terminan con un préstamo en el que están pagando hasta 29.9 por ciento, simplemente porque estaban demasiado intimidados para leer el contrato. La gente entra en un concesionario de autos o una oficina de seguros, hasta en un banco, ven a alguien con traje y corbata, alguien que parece un profesional y piensan que esta persona debe saber lo que está haciendo; él me va a ayudar a tomar la mejor decisión. Desgraciadamente, la persona con el traje generalmente está cuidando sus propios intereses en vez de los del cliente. Así es como los clientes terminan con préstamos o tasas de interés exorbitantes, pólizas de seguro que no necesitan y malas inversiones.

Le voy a dar un ejemplo. Con frecuencia les digo a mis clientes que vayan a su banco y abran una cuenta de mercado monetario, para reemplazar una cuenta bancaria común que no paga ningún interés. He tenido algunos clientes que vuelven y me dicen, "El empleado del banco me abrió la cuenta de mercado monetario y ¿sabe qué? ¡También me fijó una anualidad! Me dijo que podía pasar fondos al mercado monetario a través de la anualidad." El empleado del banco no les dijo a los clientes que él recibía una comisión por la venta de la anualidad. Los clientes no necesitaban ni querían una anualidad, pero como el empleado del banco la recomendó, y él era un profesional, ellos firmaron en la línea punteada.

El segundo problema lo tiene en realidad la persona que está ofreciendo el contrato. En la Iglesia Católica hay dos clases de pecados: los pecados que se cometen y los de omisión. En contratos, los pecados de omisión con frecuencia son los que regresan a molestarnos. Como cliente, si una condición que usted quería en el contrato no aparece en él, bueno, peor para usted. En el otro sentido, si usted, como hombre de negocios, piensa que tiene un acuerdo de palabra con un cliente y acaba dándose cuenta de que el cliente pensaba que estaban de acuerdo en algo diferente, es usted el que sale perdiendo. El dicho: "Sólo se acuerda de lo que le conviene," es cierto. La gente sólo se acuerda de lo que le conviene y nadie recuerda exactamente lo que se dijo. Todos tienen su propia versión de lo que pasó y muy probablemente es muy diferente de la de los demás. Cuando usted hace negocios con un apretón de manos, si más adelante hay un desacuerdo se encontrará con la situación de: "él dijo, yo dije," y todo el acuerdo puede fracasar. Como persona de negocios, si usted no logra que todo se ponga por escrito está siendo irresponsable. Como cliente, si usted no recibe todo por escrito, está siendo irresponsable e ingenuo.

La falta de acuerdos escritos crea aun mayor tensión cuando se trata de prestar dinero a un pariente o ser aval para un préstamo. Siempre les digo a mis clientes. "Prestar dinero a parientes cambia la relación. Si bien sé que usted lo está haciendo porque quiere ayudar, lo único que esto va a causarle son dolores de cabeza. No lo haga. Si usted quiere transferir dinero a un pariente, le conviene más hacerlo como regalo que como un préstamo." Firmar como garante de un préstamo es aun peor porque en ese caso usted está adquiriendo una responsabilidad adicional, ¡de la que ni siquiera se beneficia! Hay una razón por la que el libro de los Proverbios dice que no se debe salir como garante de un préstamo. La mayoría de las veces que alguien firma como garante de un préstamo, termina pagándolo.

Los acuerdos escritos tienen que dejar de intimidarnos. En verdad, necesitamos aprender a insistir en ellos. Si algo no está escrito, no es real. Aun si son sólo unas líneas escritas en un pedazo de papel que digan, "En tal y tal fecha, pagaré a mi primo Sancho Ruiz $5,000 por su auto, un Ford Escort," a la larga, ese pedazo de papel le puede evitar a usted y a Sancho muchos dolores de cabeza. Y si hay algo que no entendemos en cualquier contrato, tenemos que pedir que nos lo expliquen. Y nunca debemos firmar nada hasta que no entendamos completamente lo que dice el contrato, cuáles son los términos y qué es lo que estamos acordando.

Qué Hacer Frente a un Contrato

A todos nosotros, en algún momento, nos van a meter un contrato bajo las narices y nos dirán: "Firme aquí." Puede que sea una solicitud de préstamo o para una tarjeta de crédito; puede que sea un pagaré o el contrato de alquiler de nuestro primer apartamento o un acuerdo para comprar nuestra primera casa. Puede ser el contrato para hacernos socios de un gimnasio o una solicitud de empleo. La mayoría de la gente da una hojeada al papel, trata de entender tanto como puede y luego lo firma inmediatamente, con la esperanza de que todo esté bien. Esa es una receta infalible para problemas financieros. Tenemos que entender que los contratos son para protegernos tanto a nosotros como a la otra persona. Si dominamos unos pocos y simples elementos y, lo que es más importante, si estamos dispuestos a hacer preguntas, los contratos pueden ser una herramienta poderosa que nos ayudará a asegurarnos un futuro económico mejor. Éstas son tres cosas a tener en mente cuando trabajamos con contratos:

▶ **Tiene que creer que esto es algo que usted puede aprender y entender.**
Los contratos intimidan a la mayoría de la gente. No les gusta nada tener que lidiar con términos legales y financieros porque no los entienden. Es como estar en un país extranjero sin hablar el idioma, sólo que en este caso, no hablar el idioma le puede costar mucho. Pero la mayoría de los latinos tiene expe-

riencia en aprender un nuevo idioma. Saben que puede ser difícil al principio, pero que luego de muy poco tiempo el nuevo idioma se vuelve mucho más fácil. Los contratos están escritos en un nuevo idioma, pero una vez que usted entienda unas pocas palabras claves, podrá entender el significado con mucha más seguridad. Sin embargo, si mira el contrato y se dice, "Nunca entenderé esto," nunca lo entenderá. Tiene que comenzar con ideas como, "Puedo aprender esto. Estoy decidido a aprender esto porque es importante. Haré lo que sea necesario para llegar a poder firmar este contrato con la seguridad de que entiendo aquello con lo que me estoy comprometiendo." Con esta actitud, un contrato se vuelve una oportunidad para aprovechar, en vez de un obstáculo para superar.

▶ **Conozca su poder: es su tiempo, su dinero y su decisión.**

Si bien no siempre parezca así, como cliente usted es quien en última instancia tiene el poder en la relación. Usted es quien va a gastar el dinero en el auto o la casa o los muebles o cualquier otra cosa. Usted es quien será responsable de devolver el dinero si está solicitando un crédito. Si es una solicitud o contrato de trabajo, usted es quien decidirá tomar el puesto y hacer el trabajo. Sin embargo, cuando se trata de contratos, la mayoría de nosotros siente que la otra parte tiene el poder y la inteligencia y nosotros no. Eso es falso. Un contrato es un acuerdo al que han llegado dos personas, entidades o instituciones. Su lado tiene tanto poder como el de los otros si usted está dispuesto a dar un paso al frente y tomarlo. Usted tiene el derecho, es más, la responsabilidad, de entender los términos del acuerdo antes de firmar nada. Si no se siente cómodo, también tiene el derecho de retirarse sin firmar. Pero le advierto: una vez que firma un contrato, generalmente pierde el derecho a retirarse, a menos que en el contrato haya una cláusula que le permita hacer eso. Esa es otra buena razón para nunca firmar ningún documento sin leerlo y entenderlo primero.

► **Esté dispuesto a admitir lo que sabe y lo que no sabe.**
Al trabajar con contratos, lo peor que usted puede hacer es fingir que entiende algo cuando no lo entiende. Como dije antes, la mayoría de la gente se pierde en la terminología financiera y legal que se usa en los contratos; puede parecer que los contratos están escritos deliberadamente para confundirnos. En el caso de gente de negocios deshonesta, esto puede ser cierto. Pero la mayoría de los contratos están escritos para cubrir una gran cantidad de tecnicismos que aunque tal vez nunca ocurran, deben tenerse en cuenta de todas maneras.

Su trabajo es cerciorarse de que entiende los puntos básicos del contrato. Pida a la otra persona que le explique lo que dice el contrato. Pida que le den por escrito un resúmen de las cláusulas del contrato: de esa manera podrá referirse a ellas más adelante. No permita que lo presionen para que firme nada de inmediato para "asegurar" el acuerdo. Ningún convenio realmente bueno desaparecerá en el tiempo que le toma estudiar el contrato. Si desaparece, no era un buen convenio para empezar. He visto a demasiadas personas que firmaron contratos pensando que estaban aprovechando una buena oportunidad en un auto o una casa, o muebles, y acabaron dándose cuenta de que habían acordado pagar unas tasas de interés terriblemente altas o miles de dólares en cargos adicionales. Ninguna persona de negocios respetable se molestará porque usted se tome por lo menos veinticuatro horas para revisar el contrato. Manténgase firme e insista en que necesita tiempo para revisar el contrato detenidamente.

Al revisar el contrato, haga una lista de los términos o cláusulas que no entienda y pida que se las expliquen. Tome notas y deje que la otra persona vea que usted está tomando notas. La palabra escrita es muy poderosa y cualquier nota que tome le ayudará si hay un desacuerdo. Si quiere, pídale a alguien que le ayude a revisar el contrato. A mis clientes que no leen inglés yo les recomiendo que pidan a alguien que les lea el contrato y les expliquen las palabras que no conocen. También recomiendo que, si es un contrato importante, le pidan a un profesional, como por ejemplo un abogado, que revise el contrato. Reitero, es importante que el profesional le explique los términos del contrato. El objetivo no es que su abogado o asesor diga, "Está bien," para que usted lo firme simplemente porque confía en ellos. El objetivo es que usted entienda a qué se está comprometiendo. El conocimiento es poder. Cuanto más sepa, más fácil le será entender otros contratos en el futuro.

Cuándo Decir Sí y Cuándo Decir No

Como dije antes, muchos latinos comienzan trabajando únicamente "en efectivo." Canjean sus cheques del trabajo en el lugar de canje de cheques local y pagan todas sus cuentas en efectivo. Ésta es una buena estrategia para asegurarse de que no está viviendo fuera de sus posibilidades. Pero en Estados Unidos, para superar el nivel de subsistencia usted necesita establecer un buen historial de crédito. Y la única manera de establecer crédito, aunque parezca raro, es aprender a administrar deudas. Eso generalmente significa firmar algún tipo de contrato para una tarjeta de crédito, el préstamo para un vehículo, una hipoteca u otras cosas por el estilo. Por lo cual es importante entender lo básico de administrar el crédito.

Lo primero y más obvio, *nunca pida prestado más que lo que está ganando en ese momento le permita pagar en un tiempo razonable.* Especialmente en los últimos años, las compañías de tarjetas de crédito estaban otorgando tarjetas con límites ridículamente altos. La gente recibía las tarjetas y pensaba, ¡Increíble, un límite de $10,000! Ahora puedo comprar muebles, ir de vacaciones y darle a mi familia regalos realmente hermosos. Y se olvidaban de que estaban ganando $30,000 al año, y gastando $28,000 en comida, vivienda, transporte, impuestos y otras cosas. Cuando llegaba la cuenta por esos $10,000, hacían el pago mínimo, pero la mayoría del dinero iba a pagar el interés. El principal de $10,000 no disminuía para nada. Y en vez de ahorrar para el futuro, esa gente pagaba las cuentas de las tarjetas de crédito por años y años.

El objetivo de establecer crédito es tener acceso a él cuando usted lo necesita, para compras grandes como autos y casas. También es útil tener acceso a crédito para emergencias (si usted sigue un plan de ahorro mensual, debe tener algo de efectivo reservado para eso). El crédito no es para usarlo en compras impulsivas o para comprar cosas que en realidad usted no se puede permitir. Piense en el crédito como una prueba o un presupuesto semanal: una manera de usar una cantidad relativamente pequeña de dinero para aprender grandes lecciones y para demostrarles a las instituciones financieras que pueden confiar en que usted administra su dinero con responsabilidad.

Segundo, *ponga atención a la cantidad total de la deuda, no al pago mensual*. Veo que la gente tiene problemas con esto, especialmente cuando compran un auto. Una pareja joven va a un concesionario de autos, buscando un buen auto familiar usado por unos $10,000. El vendedor les muestra una camioneta casi nueva y dice. "Pueden tener ésta por exactamente el mismo pago mensual que les costaría ese auto de cuatro años que estaban mirando." Sin embargo, el vendedor no les dice que la camioneta les va a costar más de $21,000, incluyendo interés, y que en vez de pagar el auto completamente en 3 años, la pareja estará pagando la camioneta por 6 años. Además, cada deuda que contraemos es registrada en lo que se llama informe de crédito. Éstos son registros financieros sobre cada uno de nosotros que las grandes compañías de crédito mantienen sobre los consumidores. Cuanto más deuda tenga usted en proporción a sus ingresos, menos probable será que pueda pedir prestado más dinero. Si esta joven pareja quiere comprar una casa, por ejemplo, el préstamo grande del auto puede contar en su contra y hacer más difícil que obtengan una hipoteca.

El tercer punto básico para administrar su crédito es *pagar las cuentas a tiempo siempre*. He visto a muchos latinos (y también anglos) que dicen, "Querida, no envíes el pago este mes, pero envía dos pagos el mes que viene." Esa versión de la mentalidad del mañana (Vea la Barrera #9.) puede dañar seriamente su capacidad de crédito. Cada pago atrasado de una cuenta se anota y cuenta en contra suyo cuando los departamentos de crédito evalúan su habilidad para administrar dinero. Hoy día, muchas compañías de tarjetas de crédito están cobrando multas muy altas por pagos atrasados. Si usted tiene problemas en recordar que debe pagar cuentas, algunos bancos le permiten pagarlas por teléfono o establecer un sistema de pago automático a través de su cuenta bancaria. Cualquiera que sea la estrategia que use, pagar sus cuentas a tiempo siempre le ayudará a mantener su informe de crédito limpio y sólido.

Cuarto y último, *proteja su capacidad de crédito*. Verifique su historial de crédito regularmente. Puede hacer esto escribiendo a algunas de las principales compañías de crédito como Equifax y solicitar una copia de su historial de crédito. La gente comete errores y también lo hacen los bancos, las compañías de tarjetas de crédito y los comerciantes. Si encuentra un error en su informe de crédito, llévelo al banco o tienda que cometió el error para que lo corrijan. También puede presentar una protesta ante la compañía de crédito o hacer que ellos pongan una nota en su archivo explicando el incidente. Y nunca deje que otros usen su crédito. Es decir, sus tarjetas de crédito, números de cuentas bancarias, número de Seguro Social, etc. Su historial de crédito es como su reputación: es una de las cosas más valiosas que posee, pero una vez que está dañado, puede pasarse una vida reparándolo. Haga un esfuerzo para proteger su historial de crédito desde el comienzo y encontrará que el camino a la grandeza financiera será mucho más suave.

¿Qué debe hacer cuando estudia un contrato o una oferta de crédito y decide que no lo quiere? ¿O si, después de decir que sí, descubre que lo han estafado? Lo peor que puede hacer es dejar que la vergüenza le impida hacer lo debido. Puede ser muy difícil irse cuando ha pasado varias horas en un concesionario regateando sobre un auto. Pero si el trato no es bueno, el auto tampoco lo será. No deje que lo presionen emocionalmente en algo que va en contra de sus mejores intereses. Recuerde, es su dinero, y en última instancia es su decisión. Tiene que estar dispuesto a mantenerse firme, decir no, e irse.

Lo que es más difícil que irse es admitir que lo han estafado.

Por vergüenza, demasiada gente se calla y nunca trata de hacer nada, aun sobre los contratos más injustos. Sin embargo, lo peor que usted puede hacer es callarse. Usted no es la primera persona embaucada, y no será la última, ¡especialmente si usted no advierte a otros, alertándoles sobre lo que le pasó a usted! Si usted cree que lo han engañado o tratado injustamente, vaya a un asesor de su confianza y pregúntele qué debe hacer. Hay organizaciones locales, estatales y federales que supervisan casi todos los negocios y profesiones en este país, y todas tienen programas de reclamos formales. Si la cuestión es lo suficientemente importante, tal vez quiera consultar con un abogado para ver si tiene algún derecho, ya sea a través de Small Claims (Tribunal de reclamos menores) o de otros tribunales civiles. Pero no permita que le estafen sin pelear. Conozca sus derechos, pida que los pongan por escrito y luego respete, y haga que otros respeten, un contrato que sea justo para ambas partes.

Recorrer el camino a la grandeza financiera puede ser fácil o difícil, tomar mucho o poco tiempo. Pero su viaje será más suave si sabe las reglas de la ruta y las sigue. Aprender sobre contratos y crédito es como estudiar el manual del examen para obtener la licencia de conducir. Tal vez nunca tenga que usar todo lo que está en el manual, pero ¡más vale que lo sepa todo por si acaso! Y muchas de las lecciones, en qué lado de la ruta conducir, qué significan las luces verdes y rojas, qué distancia necesita el auto para frenar, usted las hará suyas a medida que vaya mejorando su habilidad para conducir. Cuando usted empieza a aprender sobre contratos, cuando obtiene su primera tarjeta de crédito o préstamo para un auto o hipoteca, está aprendiendo las "reglas de tránsito" que usará una y otra vez. Apréndalas bien y su viaje a la grandeza financiera será en verdad muy placentero.

Barrera #5

Machismo: Más Ego Puede Significar Menos Dinero

Machismo es una palabra que se considera una característica de la cultura latina, pero he encontrado que ocurre en casi todas las culturas del mundo. En cualquier sociedad, es generalmente el hombre quien es visto como el responsable de mantener a su familia. Aun hoy día, ¿cuántos hombres hay en Estados Unidos que se quedan en la casa para cuidar de los niños y el hogar mientras que la mujer trabaja? La mayoría de las familias (no solamente las latinas) vinculan la responsabilidad del hombre de mantener a su familia con su responsabilidad general por las finanzas familiares.

Pero el machismo puede perjudicar a un hombre en el área de las finanzas al crear lo que yo llamo puntos ciegos financieros. Algunos hombres latinos no admitirán que no saben absolutamente todo lo que hay que saber de finanzas, y por consiguiente se lanzarán a un negocio sin la información crítica que será la diferencia entre ganar y perder dinero. Y una vez que han tomado una mala decisión, por ejemplo firmar un contrato a 25 por ciento de interés o dar dinero a alguien que luego desaparece, el machismo no los dejará admitir que han cometido un error. No quieren que nadie se entere de que fueron estafados, por lo que en vez de molestarse y hacer algo, no hacen nada y simplemente lo dejan pasar. Y entonces los criminales que están atacando a nuestras comunidades simplemente continúan haciéndolo, porque nadie habla para detenerlos.

El machismo afecta a los hombres latinos desde temprana edad. Determina el camino que siguen en su vida, sus opciones en educación, carrera, pareja y así sucesivamente. Por ejemplo, muchos latinos no van a la universidad porque creen que un hombre debe ir a trabajar y comenzar a mantenerse a sí mismo y a una familia tan pronto como pueda. No obtienen una educación en finanzas, contratos y dinero. En vez, están ganándose la vida desde muy jóvenes. En la actualidad, con frecuencia hay más latinas que latinos en la universidad. Pero cuando una latina se casa, aun si tiene más educación que su esposo, ¿qué sucede típicamente? Como asesor financiero, le puedo decir que la mujer generalmente transfiere sus cuentas al banco de su marido y de ahí en adelante el marido controla el dinero. No tiene nada que ver con habilidad o quién tiene más dinero; es aceptado tanto por los latinos como por las latinas que el hombre está a cargo del dinero que la familia gana. He tenido clientes que me piden que prepare sus declaraciones de impuestos y luego frente a mí firman el nombre de su esposa en su declaración de impuestos conjunta. "No es necesario que ella vea esto, yo me ocupo de todas las finanzas," me dicen.

Los Efectos del Machismo

Los efectos del machismo son amplios y a veces conflictivos. Por ejemplo, algunos hombres latinos sienten celos cuando su esposa gana más dinero que ellos. Aun si esto puede significar dificultades financieras, el marido presiona a su esposa para que deje su trabajo y se quede en casa ocupándose de los niños. Además, muchos hombres que se meten en dificultades financieras nunca se lo dicen a su esposa. O se lo dicen cuando ya es demasiado tarde y luego la mujer tiene que enfrentarse al desastre financiero.

El machismo también afecta la forma en que los hombres toman decisiones sobre cómo y dónde gastar el dinero. Estaba hablando con una amiga mía el otro día y ella dijo, "He notado que los hombres latinos tienen la tendencia a tomar grandes decisiones financieras solos. Aun cuando la decisión va a tener un impacto importante en la familia, el marido decide primero y luego se lo dice a su esposa. Los hombres llegan a casa y dicen, 'Querida, ¿adivina qué? ¡Acabo de comprar un carro!' mientras que las mujeres tratan de tomar decisiones conjuntas: ellas quieren hablar las cosas antes de proceder. En la mayoría de las familias, decidir en común crearía menos problemas y conflictos. Pero muchos hombres sienten que no es de hombres involucrar a las esposas en esas cosas. 'Después de todo, yo gané el dinero, tengo derecho a gastarlo como quiero,' dicen.

El machismo basado en el ego y el falso orgullo puede hacer que los hombres actúen egoístamente cuando se trata de dinero. No miran más el panorama general y no toman en consideración las necesidades de la familia. Compran un auto nuevo simplemente porque quieren uno, olvidándose de que los pagos pondrán un enorme carga en las finanzas familiares. O ponen todo su dinero en una inversión riesgosa sin considerar a la gente que será afectada más directamente por una pérdida financiera: su esposa e hijos.

Esta actitud de "como yo digo o nada" sin lugar a dudas causa problemas. En la actualidad, las latinas están más dispuestas a mantenerse firmes porque lo pueden hacer, y es mucho menos probable que aguanten a un hombre que no las deja controlar al menos parte del dinero de la familia. Aun si la mujer está de acuerdo en que el hombre debe ganar el dinero y ocuparse de las finanzas, con frecuencia ella comprende mejor que su esposo a dónde va el dinero. En realidad, la mayoría de los hombres no quiere saber los detalles del presupuesto y administración de la casa; dejan eso para su esposa. Como resultado, la mujer latina es con frecuencia mucho más realista cuando se trata de dinero. Sabe cuánto cuesta mantener una familia y cuando su marido toma importantes decisiones financieras que potencialmente podrían poner los ingresos de la familia en peligro, esto puede causar un montón de problemas.

Yo les digo a mis clientes y a la gente que va a mis seminarios, que el camino a la grandeza financiera requiere que tanto el esposo como la esposa estén involucrados y educados acerca de su dinero. "Como hombres verdaderos, lo mejor que pueden hacer es manejar bien su dinero," les digo los hombres. "Y como el hombre típico morirá antes que su mujer, es importante que las mujeres sepan más de cosas de dinero. Por lo que ustedes deben tomar el liderazgo." La mejor manera en que un hombre puede proveer para su familia es conociendo a fondo las finanzas y luego involucrando a su familia, especialmente a su esposa, en el proceso de tomar decisiones financieras. Después de todo, si un hombre quiere que su esposa le respete, necesita respetarla a ella. Un hombre de verdad tiene suficiente confianza en sí mismo como para dejar que otros sepan de sus finanzas y permitir que tengan una opinión sobre dónde debe ir el dinero de la familia. Cuanto más involucre un hombre al resto de su familia en las decisiones financieras, más felices serán todos. Dé para recibir. Siembre las semillas y recogerá grandes beneficios si mantiene a todos involucrados.

Las Latinas y *Machisma*: Una Trampa con Igualdad de Oportunidades

Desgraciadamente, a medida que las latinas se incorporan a la fuerza laboral, convirtiéndose en jefes de familia y haciéndose cargo de sus propias finanzas, están cayendo en algunas de las mismas trampas en que caen los hombres latinos. He visto los problemas de *machisma* en algunas de mis clientas latinas más exitosas. Mientras que las latinas pueden tener más experiencia en el tipo de presupuesto diario que se necesita para estirar un cheque, también pueden tener más problemas en tomar grandes decisiones sobre dinero, por ejemplo para comprar una casa o firmar un contrato para la compra de un auto. Y al igual que los latinos, las latinas se resisten a admitir cuando no conocen o entienden tratos financieros complicados. Por lo que las latinas pueden caer en el mismo tipo de trampas que los hombres: firmar malos contratos y luego ocultar sus errores porque no quieren parecer tontas o desvalidas.

Un día, una joven vino a mi oficina y me consultó sobre planificación de impuestos. Estudié su cartera de inversiones para la jubilación y noté que tenía una póliza de anualidad bastante cara. Cuando le pregunté sobre esa póliza, se puso a la defensiva. "La compré hace cinco años, inmediatamente después de que obtuve mi divorcio," dijo. "El hombre del banco dijo que me daría un ingreso garantizado cuando me jubilara." Le señalé que ella sólo tenía aproximadamente treinta años, que estaba muy lejos de jubilarse y que el dinero que estaba pagando por esa anualidad cada mes podría ser invertido en su plan 401(k), lo que le daría mayores ingresos y una reserva más grande cuando llegara a los sesenta y cinco. "Eso fue lo que me dijo otro planificador de impuestos," respondió ella con testadurez. "Pero no puedo volver al banco y decirles que cometí un error. Pensarían que soy una tonta." ¡Esta mujer estaba dispuesta a absorber una pérdida financiera de decenas de miles de dólares durante toda su vida simplemente porque no quería parecer una idiota enfrente de un vendedor de servicios financieros! Eso es *machisma* en su forma más destructiva.

Orgullo, ignorancia y testadurez son obstáculos con igualdad de oportunidades en el camino a la grandeza financiera. No permita que el machismo o machisma se interponga en su camino. Esté dispuesto a hacer preguntas y admitir errores. Es mejor admitir que uno está equivocado y comenzar a hacer lo correcto, que continuar haciendo algo mal y esperar un buen resultado.

¿Está Permitiendo que la Vergüenza lo Detenga?

Un día del otoño del 2001, Roberto, un buen amigo a quien había conocido por años vino a verme para hablar de sus finanzas. Si bien él es un abogado exitoso, Roberto me confió que finalmente había llegado a aceptar que necesitaba mi ayuda. Tenía vergüenza de admitir que si bien ganaba mucho dinero, no tenía ningún ahorro, ningún plan para la sucesión de sus bienes, nada ahorrado para la educación de su hija y muy poco en fondos de jubilación. Dijo que el ataque a Estados Unidos había sido un choque para él y que lo había forzado a hacer algo. Pero confesarme su estado financiero era la cosa más difícil que había hecho jamás. Me dijo que sentía increíble vergüenza y culpa.

Lo triste fue que yo también sentí vergüenza y culpa. Había pensado que mi amigo estaba seguro económicamente por su posición dentro de la comunidad. Roberto y yo nos conocíamos hacía diez años y habíamos pasado por muchas crisis juntos. Nos habíamos ayudado mutuamente a través de divorcios, muertes en la familia y otras tragedias, y también habíamos compartido muy buenos ratos. Roberto sabía que yo era un asesor financiero profesional; sin embargo él no quería que yo supiera sobre sus finanzas personales porque era algo que consideraba muy privado. (Uno de los tabúes más grandes que todavía quedan en nuestra sociedad es hablar sobre dinero.) Desgraciadamente, la recesión económica había afectado su práctica legal a tal punto que temía perder su casa. Sus clientes tenían problemas para pagarle y Roberto no había llevado a casa un cheque decente en varias semanas.

Roberto no es muy diferente de muchos latinos que viven de cheque a cheque. Si el latino típico perdiera su trabajo, en aproximadamente tres meses podría quedarse sin casa. Y sin embargo, demasiados hombres latinos dejan que el machismo y todas las emociones relacionadas, falso orgullo, egoísmo, testadurez, les impidan buscar ayuda. "No es de hombre," dicen. "Voy a salir de esto yo solo de alguna manera." Sin embargo, yo creo que el machismo en realidad nos hace menos hombres. En realidad, nos puede convertir en financieros cobardes. Los financieros cobardes simplemente se quedan sentados y no hacen nada. Reaccionan a lo que está sucediendo en forma negativa y luego se preocupan por lo que no pueden controlar. Los financieros cobardes prefieren ver a su familia sin las necesidades básicas de la vida que admitir que han cometido errores o que necesitan ayuda con sus finanzas.

Pero también creo que los verdaderos hombres quieren ser héroes en vez de cobardes. Los héroes pueden lograr lo que se proponen. Son diligentes. Pueden admitir sus errores y cambiar para mejorar. Están dispuestos a dejar a un lado su falso orgullo y pedir ayuda si la necesitan. Ponen el bien de su familia por encima de cualquier deseo egoísta de su parte. Hacen las cosas que pueden controlar y son lo suficientemente hombres como para incluir a su familia en las decisiones importantes. Ahorran para emergencias y se ocupan de sí mismos para poder así ocuparse de su familia. Los héroes no usan las finanzas como una medida de su valor como hombres. En cambio, reconocen que el dinero es simplemente un medio hacia un fin, una manera de crear seguridad y abundancia para la gente que es importante para ellos. Estoy muy orgulloso de mi amigo Roberto porque él encontró el valor para dejar de ser un esclavo del falso machismo y del miedo a la vergüenza. Se convirtió en un héroe financiero frente a sí mismo y a su familia. Y creo que es un gran ejemplo para todos nosotros mientras recorremos el camino a la grandeza financiera.

Barrera #6

No Sea Cangrejo:
Escasez y Abundancia

Una vez, un hombre había estado pescando y había llenado tres cubos con cangrejos: cangrejos alemanes, cangrejos franceses y cangrejos mexicanos. En el muelle se encontró con un amigo a quien no había visto hacía tiempo, por lo que se pusieron a charlar. El amigo miró los cubos y notó que mientras dos de los tres cubos estaban cubiertos, el tercero no lo estaba. "Eh, amigo," dijo al pescador, "los cangrejos están tratando de salir del cubo. Va a ser mejor que lo cubras como a los otros." El pescador respondió, "No, esos son cangrejos mexicanos. Tan pronto uno llega al borde del cubo, los otros lo jalan para abajo de nuevo."

Cuando cuento esta historia en mis seminarios, hay muchas risas de reconocimiento en el salón. Es un comentario triste pero

cierto sobre la comunidad latina y representa una creencia que
nos detiene. Tan pronto alguien en nuestra comunidad alcanza
un cierto nivel de éxito, parece que la respuesta automática es tratar de avergonzarlos como si estuvieran tratando de ser algo que
no son. Si usted se muda a un vecindario mejor, sus antiguos vecinos le dicen: "Se te va a subir a la cabeza." Cuando usted compra
algo bueno, oye constantemente, "¿Quién te crees que eres?" Un
humorista latino cuenta una historia de cuando fue a comprar un
auto después de trabajar por primera vez en televisión. Compró
un Honda Accord flamante y lo manejó con orgullo a la casa de
sus padres. ¿Creen que sus parientes le dijeron, "¡Felicitaciones,
hermoso carro!"? Por supuesto que no. Dijeron, "¿Te crees mejor
que nosotros? ¿No vas a hablarnos más porque tenemos carros
viejos?" Los latinos exitosos me dicen que con frecuencia su propia familia y su comunidad los hacen sentir culpables de que les
vaya bien. Es como si todos creyéramos ese antiguo dicho, "Mal
de muchos consuelo de tontos."

Un amigo mío tiene un auto BMW, hermoso, pero no des-
lumbrante. Si la gente lo viera manejando por las calles de Newport Beach, California (donde en un tiempo trabajé), pensarían
que es un comisionista de bolsa, banquero o empresario. Pero
aquí, en el este de Los Ángeles, la gente ve el auto y piensa que
este joven es un traficante de drogas o un prestamista que estafa a
sus clientes. No pueden creer que alguien pueda haber ganado
honradamente el dinero necesario para comprar ese auto.
"¿Quién se cree que es, manejando un BMW en el barrio?" Ese
tipo de actitud de nuestra comunidad puede impedir que aprovechemos al máximo las oportunidades financieras que se nos presentan. Cuando vemos a una joven latina que tiene éxito en los
negocios, pensamos, "¿Cómo tiene tanto dinero? Tiene que estar

haciendo algo malo," en vez de decir, "¡Es fabuloso que tenga tanto éxito! ¡Voy a averiguar qué hace y tal vez yo también puedo triunfar!"

El Síndrome de la "Amapola Alta"

En mi profesión veo mucha gente exitosa que yo llamo "primeros." Ellos son los primeros de su familia en ir a la universidad, los primeros de la comunidad en llegar a fiscales de distrito o científicos o empresarios en Internet o profesores de universidad, los primeros de la comunidad en administrar una fábrica. Ellos deben sentirse orgullosos de lo que son y de lo que han logrado; sin embargo, con demasiada frecuencia encuentran que sus amigos y parientes se alejan de ellos justamente por su éxito. Parece que otros latinos se esforzaran para cerrarles las puertas en la cara. En Australia, a esta actitud le llaman el síndrome de la amapola alta: tan pronto una persona saca un poco de cabeza, es decir, sobresale un poco del grupo, se la cortan. La gente se siente amenazada por el éxito de los otros si ellos mismos no se consideran exitosos. Estas personas exitosas sienten que están siendo juzgadas por su propia comunidad. Como asesor financiero, una de las ventajas que tengo con mis clientes latinos es que yo no los juzgo. Por primera vez en su vida ellos pueden compartir sus sueños con alguien que también cree en ellos. Mucha gente tiene miedo de hablar sobre sus sueños porque su familia les hace sentir que están locos por tener tan grandes aspiraciones o metas. Pero si usted no comparte sus sueños, con demasiada frecuencia éstos quedan sólo en eso, sueños. Compartirlos con otros le ayudará a usted a creer tanto en sus sueños como en usted mismo.

Pero si nuestros jóvenes no sienten que su familia y su comunidad apoyan sus sueños, ¿no nos empobrece a todos eso?

Mientras que una persona exitosa puede sentirse culpable por su éxito, la clase de emociones negativas expresada por su familia y la comunidad puede ser peor. Las emociones negativas como la envidia, la rabia, los celos, expresan lo peor de nosotros. Nos limitan, nos empequeñecen en vez de ampliar nuestra manera de pensar. ¿Recuerdan los cangrejos del cuento? Todo su mundo era el pequeño cubo en el que estaban atrapados. Y estaban tan ocupados impidiendo que otros cangrejos llegaran más alto en el cubo, ¡que seguramente todos iban a acabar en el plato de la cena de alguien!

Las emociones negativas como la envidia y los celos nos impiden aprovechar el tipo de expansión y abundancia que realmente deseamos. También creo en ese viejo dicho: "Lo que desees para otros, tú lo recibirás." Cuando vemos a alguien que tiene éxito y pensamos mal de él, ¿qué dice esto sobre lo que creemos nosotros mismos sobre el éxito? Y si creemos que tener éxito va a hacer que nuestros amigos, familia y comunidad nos odien, ¿qué probabilidad de alcanzar el éxito tenemos?

Escasez y Abundancia: La Mentira del Pastel

En el centro de las creencias que nos hacen sentir celos o envidia del éxito de alguien se encuentran nuestros sentimientos sobre la escasez y la abundancia. Escasez significa que si usted gana, yo pierdo. Si usted tiene más, alguien va a tener menos. Si alguien abre un negocio de planificación financiera del otro lado del pasillo donde usted tiene su despacho, va a ser un problema para usted porque hay sólo cierta cantidad de clientes que necesitan servicios de planificación financiera. Esta forma de pensar en la escasez presenta la vida como un pastel en una familia de gente muy hambrienta. Hay una cantidad limitada de pastel para todos y una vez que el pastel se terminó, se terminó. Si usted toma un pedazo grande, eso significa que hay menos para el resto de las personas. Si usted piensa sobre la vida de esa manera, no es extraño que se enoje al ver a alguien que tiene más "pastel" que usted, ¡y que haga todo lo posible para asegurarse de que no se sirva más!

Pero yo no creo que eso sea cierto. Yo creo en una vida de abundancia, donde si yo gano, usted también gana. Si yo tengo éxito, esto puede abrir las puertas para que usted también tenga éxito. Si usted abre un negocio de planificación financiera del otro lado del pasillo, ¡fabuloso! Hay mucha gente que necesita de nuestros servicios y dos negocios en el mismo edificio significan más tráfico en el área y más clientes potenciales. Hay tanta abundancia en este mundo que siempre habrá suficiente para cualquiera que esté dispuesto a trabajar por ella.

Es mi creencia, y la de toda persona rica y exitosa que he encontrado, que siempre hay suficiente pastel para todos porque siempre hay alguien en algún lado que está horneando más pasteles. En verdad, la gente más inteligente nunca pierde tiempo preocupándose por quién tiene la porción más grande ¡porque están abriendo más pastelerías! Necesitamos invertir en nosotros mismos y en nuestros negocios, trayendo "pastelerías" de todo tipo a la comunidad latina. Si usted simplemente hace al pastel más grande, igual va a llegar un momento en que se van a acabar las porciones porque sólo hay un pastel. Y la gente va a seguir pensando, "Tengo que tomar mi pedazo ahora. ¡Al cuerno con los demás! Este es el único pastel que hay y no va a haber más." Pero cuando abrimos pastelerías, cuando creamos negocios y abundancia en nuestra propia comunidad, podemos decir, "Adelante, cómase el resto del pastel. Sé que ya viene otro." Cuando usted cree que siempre va a haber más pastel, no importa si su cuñado se compra un Mercedes, si un competidor abre una oficina en su vecindario o si su hija se muda a una casa más grande que la suya. Usted sabe que usted también puede tener su pedazo de pastel si está dispuesto a trabajar por él. Habrá mucho pastel para todos.

El Secreto de la Abundancia: La Gratitud

Si usted "cree" en los sentimientos de escasez, envidia y celos, hay tres maneras simples de cambiar esa manera de pensar. Primero, sea consciente de la forma en que lo afectan esos sentimientos, no sólo a usted sino también a la gente de la que usted está celoso. ¿Le gusta sentir envidia, celos o estar preocupado porque a lo mejor no recibe lo que le corresponde? Probablemente no. ¿Puede elegir otra manera de sentir? Seguro que sí. Y ése es el segundo secreto: elija sentirse bien por el éxito de los demás. ¿Qué pasaría si usted felicitara sinceramente a alguien a quien le está yendo bien? En vez de sentirse amenazado, ¿qué pasaría si usted considerara a esa persona como alguien que le abrirá la puerta a su propio éxito? Si lo que se les desea a los demás es lo que se recibe, ¿qué puede hacer usted por otros, con la esperanza de que alguien haga algo por usted cuando usted se encuentre en esa posición? Yo creo firmemente en mentores y modelos: quiero aprender de la mejor gente que ha triunfado en diferentes áreas de su vida. ¿Qué pasaría si todas las personas que han triunfado tuvieran algo que enseñar que facilitara su triunfo? Si usted puede cambiar de actitud, ¿no sería posible que quisiera tener aún más éxito cuando le llegue su turno?

La tercera y más poderosa manera de abrirse a la abundancia y el éxito es la gratitud. Agradezca lo que tiene. En vez de mirar a alguien y decir, "¿Por qué no tengo éxito?" tómese un momento para apreciar los bienes que ya posee. El otro día leí una historia sobre un hombre que se quejaba sobre su peso con su hermano. "¡Mira a mi amigo Ramón!" decía. "Ramón tiene un gran cuerpo y apenas se cuida. Yo tengo que ir de mala gana al gimnasio todos los días para adelgazar sólo un poco y, tan pronto dejo de ir, aumento 5 libras. ¡Odio ir al gimnasio! ¿Por qué no puedo ser como Ramón?" Su hermano lo miró con rabia y disgusto. "¡*Nunca* te quejes conmigo de que tienes que ir al gimnasio!" le dijo, y levantó un poco su mano y la dejó caer sobre el brazo de su silla de ruedas. El hermano era cuadraplégico.

A veces nos concentramos tanto en lo que no tenemos que nos olvidamos de los maravillosos bienes que ya poseemos. Vida. Salud. Familia. Cualquiera que sea el nivel de abundancia que tengamos, debemos disfrutarlo. La gratitud es el gran secreto del éxito. Cada vez que me empiezo a sentir presionado o a sentir lástima de mí mismo, pienso, "Qué más quiero, tengo un buen ingreso, un gran negocio, una esposa maravillosa, hijos fabulosos; soy afortunado y me siento bendecido. He trabajado arduamente por esto, pero tengo mucho por lo que debo sentirme agradecido." La gratitud es el antídoto para el modo de pensar basado en la escasez. ¡Y es fácil! Simplemente encuentre algo por lo que se pueda sentir agradecido en este momento: aunque sólo se trate de estar respirando todavía.

Cuando nos concentramos en la gratitud y en la abundancia,

cuando creemos que hay más que suficiente para todos, cuando en vez de sentir envidia y celos del éxito de otros consideramos su éxito como un sendero que podemos seguir en nuestra propia búsqueda de grandeza financiera, podemos dejar de ser cangrejos y comenzar a ser pescadores, responsables de crear nuestra propia abundancia. Todo lo que se necesita es un poco de habilidad, un poco de paciencia, un poco más de trabajo y un anzuelo cebado con la creencia de que estamos listos para crear nuestro propio éxito.

Barrera #7

El Fatalismo: La Mejor Excusa para No Hacer Nada

En español decimos, "Si Dios quiere." Lo oigo constantemente. Por ejemplo, cuando llamo a clientes para concertar una cita para hablar de sus planes financieros digo: "Muy bien, lo veré el martes a las tres de la tarde," y la respuesta que más oigo es: "Si Dios quiere." "Dios quiere lo mejor para nosotros," les digo. "Dios lo ayudará, pero usted también tiene que ayudarse." Pero, ¿cuál es su respuesta? De nuevo, "Si Dios quiere. No está en mis manos, está en manos de Dios."

Muchos de mis clientes me recuerdan a Juan, un hombre que vivía en una casa junto a un río. Había estado lloviendo continuamente más o menos por una semana y Juan notó que el río estaba subiendo y había comenzado a inundar su patio. Esa tarde, un policía local llegó en un patrullero. "Juan, es mejor que te vayas de aquí," le dijo. "Hemos recibido avisos de que viene una gran inundación. Déjame que te lleve a un sitio más alto."

"No, gracias," contestó Juan. "Tengo fe en Dios. Rezaré para que me proteja."

El policía se encogió de hombros, se metió en el patrullero y se fue. La lluvia continuó cayendo y el agua del río continuó subiendo hasta que llegó a la altura de los cimientos de la casa de Juan. A la mañana siguiente el agua había llegado a la puerta del frente. Mientras Juan miraba desde su casa el agua que lo rodeaba, vio a su vecino, Pedro, que venía remando en un pequeño bote. "¡Súbete, Juan!" dijo Pedro. "El agua sigue subiendo y va a arrastrar tu casa. Ven conmigo y estarás a salvo."

Juan sacudió la cabeza. "Dios me rescatará," dijo. Pedro trató de convencerlo por un largo rato, pero al final se rindió y se alejó remando.

Esa noche un helicóptero de los servicios de emergencia estaba volando por el curso del río, buscando personas que hubieran quedado aisladas o gente en peligro de ahogarse. Cuando su luz pasó sobre el techo de la casa de Juan, pudieron verlo abrazado a la chimenea. El agua le llegaba a los pies; en menos de una hora toda la casa estaría bajo el agua. Rápidamente, los hombres en el helicóptero le bajaron una cuerda.

"¡Tómese de la cuerda y lo subiremos!" le dijeron a Juan.

"¡No!" gritó Juan, con los ojos cerrados. "Tengo fe. Dios me rescatara."

Justo en ese momento el helicóptero recibió una llamada para ayudar a alguien que se estaba ahogando a poca distancia. Cuando volvieron a volar sobre la casa de Juan, una hora más tarde, el agua había pasado el nivel de la chimenea. A Juan no se le veía por ninguna parte. Se había ahogado.

Cuando Juan llegó al cielo, estaba bastante enojado. Entró rápidamente por los portales del cielo y fue directamente a ver a Dios. "¿Qué pasó?" gritó Juan. "Recé sin parar para que me salvaras. Tenía fe en ti y me fallaste."

"Hijo," le respondió Dios, "te envié un patrullero, un bote y un helicóptero pero tú no tomaste ninguno de ellos. ¿Qué más quieres?"

Esta clase de actitud fatalista, que las cosas sólo ocurren si es el deseo de Dios y que nosotros no somos responsables, impide que muchos de nosotros hagamos las cosas que nos ayudarían a alcanzar un futuro financiero sólido. Si creemos que Dios se va a ocupar de todo, ¿cuál es el incentivo para que nosotros hagamos algo? A veces la gente no hace nada para cambiar su situación financiera porque piensan, "Si soy pobre es porque es mi destino. Es la voluntad de Dios." Se consuelan aunque les falten cosas porque creen que nada podría cambiar su destino.

La vena de fatalismo que corre por la cultura latina es insidiosa y terriblemente perjudicial. Usted escucha este tipo de actitud en otras expresiones, como "Que sea lo que Dios quiera." Los árabes (quienes tuvieron una influencia importante en la cultura hispana desde el siglo octavo) dicen, *Insh'allah,* que se traduce al español como *ojalá*. Significa que usted tiene la esperanza de que algo ocurra. Pero rara vez significa que usted está tomando los pasos necesarios para hacer que las cosas ocurran.

En casi todas las consultas yo les recuerdo a mis clientes: "Dios hace los peces y Dios hace las redes, pero Dios no pone los peces en las redes. Dios ayuda a los que se ayudan a sí mismos." Luego les cuento la historia del hombre que estaba viajando en medio de un desierto. Había caminado por horas sin ver siquiera un poco de verde. Luego, repentinamente, llega a una pared. La sigue hasta llegar a una puerta, por la que puede ver una casa magnífica, rodeada de prados verdes y un hermoso jardín lleno de flores y árboles frutales. El viajero también ve a un hombre en el jardín regando una planta de rosas chinas.

"¿Puedo entrar?" pregunta el viajero.

"Por supuesto," dice el hombre con la regadera. "Ésta es mi casa. Pase y descanse de su viaje."

Luego de dar al viajero una bebida fresca, el dueño de la casa lo lleva a dar un paseo por el jardín. El viajero se maravilla de lo verde y hermoso que está todo. Volviéndose hacia el dueño, le dice, "Usted es muy afortunado. Dios en verdad lo ha bendecido."

El dueño sonríe. "A decir verdad, Dios me dio la tierra, ¡pero yo tuve que trabajar para conseguir todo esto!"

Yo creo que la voluntad de Dios es que aprovechemos al máximo el dinero que tanto nos cuesta ganar para crear la grandeza financiera para nosotros y nuestra familia. Y eso quiere decir hacernos responsables de nuestras finanzas, responsabilizándonos por aprender cómo hacer que nuestro dinero trabaje para nosotros de tantas maneras como sea posible. Como el hombre de la historia, Dios tal vez quiera que tengamos una hermosa casa y magníficos jardines, pero generalmente nosotros tenemos que hacer el trabajo necesario para adquirirlos.

Barrera #8

La Mentalidad Lotto: Conseguir Algo sin Hacer Nada

No muy lejos de mi oficina hay una tienda donde de vez en cuando voy a comprar el periódico o un café. Una tarde pasé delante de la tienda y vi una fila frente al mostrador. "¿Qué pasa?" pregunté a una mujer en la fila. "¿No sabe?" contestó, mostrando su entusiasmo. "La grande del Super Lotto de California llega a los $79 millones esta semana. Estoy comprando boletos para toda mi familia. ¡Vamos a ser ricos!"

Esta actitud de conseguir algo sin hacer nada ha sido una fuerza sumamente destructiva en la comunidad latina. Con frecuencia parece que creyéramos que podemos conseguir cosas sin tener que trabajar por ellas. Ésta no es una creencia sobre derechos: los latinos somos buenos trabajadores y no creemos que nadie nos deba nada. Pero no somos tan orgullosos como para no buscar atajos en el camino al éxito. Y tomar atajos tiene sus consecuencias. Es como estudiar toda la noche antes de un examen, cuando se estudia lo suficiente para pasar el examen pero sin aprender realmente la materia. En realidad, uno se olvida de casi todo tan pronto como termina el examen. Usted pierde cualquier beneficio que pudo haber adquirido si hubiera aprendido realmente lo que se enseñaba en el curso. A este deseo de buscar atajos yo le llamo *la mentalidad lotto* y creo que no es nada más que una disminución de nuestros estándares personales y éticos.

Hay dos palabras de uso común entre los latinos que describen esta actitud de conseguir algo por nada. La primera es *chapucería*. Significa hacer algo tan rápidamente como sea posible, sin preocuparse por la calidad del trabajo o cuánto vaya a durar. Estudiar sólo para pasar un examen es chapucería. Instalar un techo martillando tejas arriba de la casa, sin preocuparse si el techo va a tener filtraciones cuando llueva es chapucería. Construir una casa sin echar un cimiento sólido es chapucería. Y esperar financiar su jubilación ganando el *lotto* es, sin lugar a dudas, chapucería. Es una manera descuidada de prepararse para sus mejores años. En realidad, es casi seguro que no funcionará porque tiene más probabilidades de que le caiga un rayo encima que de ganar una suma considerable en la lotería.

La segunda palabra que yo asocio con la mentalidad *lotto* es *movidas,* que literalmente significa movimientos, pero que en la comunidad latina ha llegado a significar trampas. ¿Cuál es su movida? ¿Cuál es su trampa, su ángulo, su cuento? ¿Cómo puede descubrir una manera de conseguir algo por nada? "Eh, mi hermano trabaja en un restaurante los martes a la noche, de siete a nueve. Vamos para tomar unos tragos gratis." "Eh, mi hermana me dio un dato seguro sobre acciones. Escuchó a alguien en su iglesia decir que su compañía va a ser comprada por otra. Si compra esas acciones va a hacer una fortuna." "Eh, tengo un tío que puede embaldosar el piso de su cocina, pero le tomará cinco años porque sólo se puede llevar tres baldosas por vez de Home Depot." "¿Necesita cambiar los cables eléctricos de su casa? Mi hermano sabe cómo hacerlo, pero no es un electricista certificado." Por supuesto, cuando se le queme la casa porque el hermano hizo un mal trabajo, usted no podrá reclamarle a nadie. Todo el mundo está tan concentrado en ganarle al sistema y conseguir algo por nada que olvidamos que generalmente somos nosotros los que sufrimos al final por nuestra falta de integridad y bajos estándares.

Si usted quiere hacer o construir algo valioso o bueno, tiene que estar dispuesto a dedicarle el tiempo y trabajo necesarios y usar las mejores herramientas a su alcance. Imagínese si un granjero decidiera que puede tomar unos pocos atajos con sus cultivos. "No necesito plantar en la primavera. Puedo esperar hasta el verano y todavía tener una cosecha decente en el otoño." "No necesito abonar el suelo y sacar las yerbas; las plantas se cuidarán solas." "No necesito regar todos los días; trataré de hacerlo una vez por semana si me acuerdo." Hay un viejo dicho que dice, "No se puede jugar con la naturaleza." Me gustaría cambiarlo y decir: "No se pueden hacer movidas con las leyes naturales." Lo que usted siembra lo que cosechará. La cantidad de tiempo y esfuerzo que esté dispuesto a poner en algo le dará ganancias. Si piensa que puede evitar hacer el trabajo, a corto plazo puede ser que se salga con la suya, pero a la larga, la chapucería siempre acabará dándole dolores de cabeza.

Lo que Fácil Viene, Fácil Se Va

Aun si usted ganara la lotería, eso no sería la solución de todos sus problemas, simplemente porque la riqueza que se obtiene sin trabajar nunca dura. Hay verdaderas historias de horror de gente que ganó millones en la lotería y en unos pocos años estaban en quiebra total o muertos. A menos que fueran personas que de antemano supieran cómo manejar el dinero, malgastaron sus ganancias o fueron estafados por villanos inescrupulosos que estaban esperando para hacerles una movida.

Lo mismo puede suceder con gente que hereda dinero o recibe un fondo de sucesión. Algunos jóvenes que saben que van a recibir un montón de dinero, dedican el tiempo que tienen hasta recibirlo en hacer su propio dinero. Trabajan con empeño para aprender a ser administradores responsables de su riqueza y cuando les llega la herencia la usan para aumentar su patrimonio. Pero otros dicen: "¿Para qué voy a trabajar? Algún día voy a heredar todo ese dinero. Simplemente voy a descansar hasta entonces." Ellos nunca van a aprender el verdadero valor del dinero porque nunca van a entender la ecuación entre esfuerzo y recompensa. Como resultado, cuando reciben su herencia generalmente la malgastan. No adquirieron la personalidad necesaria o el buen carácter para hacer lo que es correcto.

En el fondo de la mentalidad *lotto* se encuentra la codicia, y la codicia hace que la gente cometa errores, tome atajos y con frecuencia sea embaucada por toda clase de estratagemas y cuentos de tío. Yo lo veo constantemente en la comunidad latina. "Mi cuñado me dice que tiene un negocio de bienes raíces donde podremos triplicar nuestro dinero de un día para otro." "Voy a ir al casino, voy a hacer un montón de dinero en las máquinas." "El otro día vi un volante pegado en un poste de teléfonos que decía que podía ganar $5,000 llenando sobres en unas pocas horas por la noche. Estoy seguro de que voy a poder ganar lo suficiente para comprar un coche nuevo este año." "Una compañera de trabajo quiere que trabaje con ella en este negocio de mercadeo de nivel múltiple. Dice que puedo ganar hasta $10,000 por mes y todo lo que tengo que hacer son unas pocas llamadas telefónicas." Como profesional financiero, he visto millones de estas estratagemas para enriquecerse de un día para otro y he visto a algunos de mis clientes meterse en serios problemas financieros por culpa de ellas.

No existe tal cosa como el dinero instantáneo. Algunos filósofos nos dicen que el dinero es simplemente un símbolo del intercambio de energía: la energía requerida para producir los bienes que nosotros compramos es intercambiada por el esfuerzo que nosotros hacemos para ganar el derecho de comprarlos. Si es cierto, entonces las estratagemas para hacerse rico rápidamente perturban el flujo de energía porque nosotros no estamos liberando casi ninguna energía y esperamos recibir en cambio una gran cantidad de ella. Usemos el mercadeo de nivel múltiple como ejemplo. Yo respeto a los que tienen éxito en el mercadeo de nivel múltiple porque sé cuánto trabajo cuesta establecer y mantener ese negocio. En calidad de preparador de declaraciones de impuestos profesional y asesor por más de diecisiete años, sin embargo, también he visto a mucha gente entrar al mercadeo de nivel múltiple pensando que podían hacer mucho dinero sin mucho esfuerzo, para acabar dándose cuenta de que la recompensa financiera era absolutamente igual al esfuerzo que estaban dispuestas a efectuar.

En la vida, el esfuerzo es igual a la recompensa. Si, por una casualidad, su esfuerzo le da, de una sola vez, una gran recompensa, si usted llega a la cima de esa red de mercadeo de nivel múltiple, por ejemplo, o vende un negocio que ha estado construyendo por los últimos veinte años, o lo ascienden y de repente gana cuatro veces lo que estaba ganando el año pasado, usted tiene que estar preparado para manejar la responsabilidad de la abundancia. El dinero no nos "hace": generalmente sólo nos hace más de lo que ya éramos. Y el dinero rápido puede poner a dura prueba nuestro carácter. Solamente cuando tenemos un cimiento sólido de estándares personales, morales y éticos podemos manejar las exigencias y privilegios del dinero de una manera que nos enorgullecerá de lo que somos y de lo que podemos hacer.

La manera de superar la creencia limitante de conseguir algo por nada comienza al construir un buen cimiento para la vida, y tomar responsabilidad personal de su vida y de los estándares que usted elige. Es un hecho conocido que cuando usted construye una casa necesita poner un cimiento de dieciocho por veinticuatro pulgadas debajo de ella. Si quiere construir un rascacielos necesita hundir el cimiento a varios metros de profundidad en el suelo para que el edificio se mantenga derecho. Es lo mismo con el cimiento personal, que está compuesto por ética de trabajo, moral y estándares. La altura a la que quiera elevar su vida depende de lo profundo y fuerte que sea su cimiento personal. Si usted tuviera que elegir una choza, una casa o una mansión para representarse a sí mismo, ¿cuál elegiría? ¿Y es su cimiento lo suficientemente profundo y sólido para soportar el peso de lo que usted quiere construir?

Una casa construida sobre un cimiento débil eventualmente caerá pero una casa construida sobre un cimiento sólido y profundo soportará la mayoría de las catástrofes. Si usted cava profundo para hacer un cimiento de responsabilidad personal, ética, la voluntad para realizar el esfuerzo y para no engañarse a sí mismo tomando atajos que no son éticos, yo creo que usted construirá una vida a la que puede mirar con orgullo. En vez de "fácil viene, fácil se va," su vida atraerá a la riqueza porque usted se la ha ganado y la ha cuidado con integridad.

Barrera #9

El Síndrome del "Mañana": El Dolor de Dejar Todo para Más Tarde

E l estereotipo de los latinos es que responden a un pedido con la frase: "Lo haré mañana." Pero cuando yo hablo sobre el síndrome del "mañana," quiero decir algo completamente diferente, algo que yo llamo "el dolor de dejar todo para más tarde." Quiere decir vivir sólo para hoy y no pensar o planificar para el futuro.

¿Cuánta gente en Estados Unidos hoy día, incluyendo los latinos, vive de un cheque a otro? ¿Cuánta gente no está planificando su futuro financiero? Con demasiada frecuencia veo a clientes que están concentrándose en satisfacer sus necesidades inmediatas sin pensar nunca en unos pocos años más adelante. Les pregunto, "¿Qué piensan hacer para los estudios universitarios de sus hijos? ¿Para su jubilación?" Y me contestan, "No puedo empezar a ahorrar para eso ahora. Todo mi dinero va para las necesidades actuales de mi familia. Voy a pensar en ahorrar dinero tan pronto como me den un aumento," o "cuando termine de pagar la lavadora," o "cuando mi negocio empiece a funcionar." Para citar a Stephen Covey, se están concentrando en cosas que son urgentes en vez de mirar lo que es realmente importante.

No hay nada malo con bregar con las cosas que son urgentes. El problema es que la mayoría de nosotros nunca llega a ocuparse de las otras cosas que son, en última instancia, mucho más importantes, pues tienen que ver con la calidad de nuestra vida. Como ahorrar para la jubilación. Como estar con nuestros hijos mientras crecen. Como mantener fuertes la relaciones con nuestro cónyuge. Un autor de libros de superación una vez escribió sobre "La isla de algún día," la isla de sueños no realizados donde terminan los que dejan todo para más tarde. Se llama "Isla de algún día" porque todos en ella se la pasan caminando y diciendo, "Algún día voy a...," "Algún día voy a empezar mi propio negocio." "Algún día voy a pasar el fin de semana con mis hijos." "Algún día nos iremos en una segunda luna de miel." "Algún día voy a ahorrar para cuando me jubile." Pero "algún día" nunca llega, y todo lo que les queda es un montón de promesas vacías y remordimientos dolorosos.

Los latinos son famosos por vivir el momento y no planear para el mañana. Y yo sé que mucha gente siente que apenas se están manteniendo a flote al lidiar con las cosas urgentes. "Tengo que mandar arreglar el carro," me dicen. "No puedo ahorrar nada este mes. Lo haré el mes que viene." Sus intenciones son siempre buenas, pero usted ya sabe adónde conduce el camino empedrado con buenas intenciones. Es más, una vez escuché a un pastor decir, "Si el diablo no te hace malo, hace que estés muy ocupado." En la ocupación de vivir nos olvidamos de las cosas importantes, como nuestro futuro. Yo les digo a mis clientes, "Para alcanzar la grandeza financiera, usted tiene que tener siempre un ojo en el presente y otro en el futuro. Sí, ocúpese de las emergencias, pero también comience a prepararse para el futuro. Si se hubiera preparado para el futuro ahorrando dinero todos los meses cuando su auto no necesitaba reparaciones, ¿no tendría ahora el dinero para arreglarlo y todavía poder ahorrar dinero?"

La Serenata del "¿Por Qué Hermano?"

Otro problema que surge con el síndrome de "mañana" es lo que yo llamo la serenata "¿Por qué hermano?" que está estrechamente relacionada con el fatalismo (Vea la Barrera #7.). Tengo tantos amigos y clientes que me vienen a ver y me dicen, "¿Por qué voy a ahorrar para la educación universitaria de mi hijo? Nadie en mi familia ha ido a la universidad." "¿Por qué voy a mandar a mi hija a la universidad? Si al final se va a casar y va a tener hijos." Y hasta me dicen, "¿Para qué voy a ahorrar para la jubilación? Recibiré el Seguro Social y mis hijos se ocuparán de mis necesidades aparte de lo que reciba del gobierno." Esta gente no ve absolutamente ninguna razón para ahorrar dinero para un beneficio futuro que no creen necesitar.

Pero están negando la realidad. Tal vez nadie en la familia haya ido antes a la universidad, pero en la actualidad hasta para ser mecánico de autos o plomero, o para cualquier trabajo que pague más del salario mínimo, se requiere alguna clase de educación avanzada o capacitación. Sí, la hija puede casarse, pero muchas latinas están trabajando muchos años antes de tener hijos. Y aun después de que llegan los hijos, más y más latinas están volviendo al trabajo, ganando sueldos que brindan una mejor vida para su familia. Sí, sus hijos tal vez se ocupen de usted cuando se jubile, y tal vez reciba un cheque del Seguro Social. Pero el Seguro Social no fue diseñado para ser el único sostén de los jubilados. Siempre se consideró como un suplemento a las pensiones o ahorros que los trabajadores hayan acumulado. Y, ya que estamos en eso, ¿se ha fijado en el costo de la vida últimamente? El Seguro Social cubre cada vez menos de nuestras necesidades básicas de comida y vivienda. ¿No sería mucho mejor su jubilación si pudiera mantenerse usted mismo, ya sea que viva con sus hijos o solo?

Tenemos que aprender a desarrollar la mentalidad de la hormiga en vez de la del saltamontes. Recuerde la historia de la hormiga y el saltamontes, de cómo los saltamontes jugaron todo el verano mientras que las hormigas trabajaban con esmero para llenar el hormiguero con comida. Cuando llegó el invierno, los saltamontes tiritaban y se murieron de hambre, pero las hormigas tuvieron muchísima comida. ¿Qué hubiera pasado si en vez de almacenar comida las hormigas hubieran dicho, "Bueno, sabemos que se acerca el invierno, pero así es la vida. Algunas viviremos y otras moriremos. Siempre ha sido así. ¿Por qué tratar de cambiar las cosas?" Hubiera habido muchas más hormigas muertas que vivas al fin del invierno. Todos sabemos que debemos tener dinero ahorrado para el futuro, ya sea para emergencias, para cubrir nuestras necesidades básicas cuando nos jubilemos o simplemente para tener un poco de "dinero para salir" si vivimos con nuestros hijos cuando somos ancianos. Pero el momento para ahorrar dinero es ahora, no más tarde, no mañana. Porque mañana llega antes de lo que pensamos y cuesta mucho más de lo que queremos que cueste.

El Dolor de Dejar Todo para Más Tarde

En mis seminarios, doy un simple ejercicio que ayuda a la gente a entender el dolor de pensar a corto plazo. Digo, "Cierren los ojos por un momento. Imaginen que tienen sesenta y cinco años y están por jubilarse. Han trabajado mucho toda la vida y ahora están listos para descansar. Pero nunca ahorraron nada para su jubilación mientras trabajaban. Tienen $500 en el banco. Esperan con ansias recibir por correo su primer cheque del Seguro Social, pero cuando lo abren se dan cuenta de que apenas les alcanza para pagar el alquiler. No tienen dinero para alimentos o gasolina. No tienen otro remedio que irse a vivir con su hijo. Él tiene esposa y familia, naturalmente, pero ellos pueden reordenar sus cosas para que ustedes tengan un lugar donde vivir. Ustedes comparten un cuarto con su nieto. Si bien su hijo y su familia los quieren, ustedes sienten que son una carga para ellos. Ustedes no tienen dinero, tampoco libertad, ninguna perspectiva para el futuro. ¿Qué sienten? ¿Es ésa la clase de futuro que quieren?"

En ese momento, el grupo se siente muy incómodo, que es exactamente lo que yo quiero. Es importante que sintamos emocionalmente las consecuencias de la conducta poco previsora que tenemos ahora. Una vez que la gente que va a mis seminarios tiene esa experiencia, hago que cierren los ojos de nuevo y les pido que imaginen cómo sería su vida de jubilados si han ahorrado lo suficiente para mantenerse con comodidad por sí mismos. Les hago sentir lo bueno que sería tener todas esas opciones: la libertad de hacer lo que quieran, ayudar a sus hijos en vez de que éstos los ayuden a ellos, quizás viajar para ver a parientes y amigos en otras ciudades y países. Les muestro cómo pensar en el futuro los ayudará a crear el futuro con el que sueñan a partir de ese mismo momento.

Tal vez usted piense que este ejercicio es un poco fuerte, ¿pero no le parece que nuestra vida se desarrolla justamente así? Comenzamos a trabajar, parpadeamos y, de repente, nos dan un reloj de oro. Nos casamos, volteamos a mirar y tenemos hijos. En otro parpadear, los niños terminan la escuela y se van a la universidad o a trabajar, y también se casan. El mañana para el que pensábamos tener mucho tiempo de preparación súbitamente es la semana que viene o el mes que viene, incluso el próximo minuto. Como dice Stephen Covey, "Debemos comenzar pensando en el fin." Siempre he dicho que debemos tener doble visión: un ojo en el presente y el otro en el futuro. Eso es lo que funciona mejor. Tenemos el poder de crear la clase de futuro económico que queremos, siempre y cuando comencemos a hacernos cargo de nuestras finanzas hoy, no mañana.

¿Cómo superamos esa tendencia a vivir para hoy sin pensar en el mañana? Necesitamos darnos cuenta de cómo hacer urgente lo que es importante. Y la única manera de hacerlo es observar el panorama general. Usted aprenderá un proceso muy simple sobre su panorama general financiero en la segunda parte de este libro, pero el primer paso es decidir para qué está ahorrando y por qué es importante para usted. Como muchos expertos en superación han dicho, "Una vez que tenga un *por qué* grande, encontrará un *cómo* obtenerlo."

Una de las formas más fáciles de superar la mentalidad de "mañana" es establecer sistemas de ahorro en los que ni siquiera tenga que pensar. Ponga sus ahorros en piloto automático. Firme para que le deduzcan automáticamente una cierta cantidad de su sueldo y lo coloquen en una cuenta de ahorro, mercado de dinero, 401(k), IRA, o cualquier otra inversión a largo plazo. En vez de gastar la bonificación de fin de año o herencia, invierta el dinero en su futuro. Sin embargo, recuerde que invertir automáticamente es como usar el control de velocidad en un carro; todavía es necesario mantener los ojos en la ruta y estar atento a las cambiantes condiciones financieras.

Por sobre todas las cosas, recuerde que nuestro aliado más importante al invertir es el tiempo. Aprovechamos al máximo nuestro dinero cuando invertimos pequeñas cantidades ahora, y luego dejamos que el poder del interés compuesto convierta paulatinamente estas pequeñas cantidades en grandes cantidades con el correr de los años. Si algo puede demostrarle las ventajas de invertir hoy en vez de esperar hasta mañana, es el poder del interés compuesto. Déjeme darle un ejemplo. Digamos que usted comenzó a invertir a los veinte años. Cada día ahorró $2; eso es $61 por mes y $730 por año. Puso $730 en una inversión que le dio un promedio de 12 por ciento de interés. Usted nunca ahorró más de $2 por día, pero nunca pasó un día sin ahorrar. ¡Para cuando tenga sesenta y cinco años, tendrá más de $1 millón cuando se jubile!

Ahora, veamos qué pasa si usted espera cinco años para comenzar a invertir. Si empieza cuando tiene veinticinco años, tiene que ahorrar $3.57 por día, $109 por mes y $1,304 por año para tener el mismo millón a los sesenta y cinco años. Y si espera hasta tener treinta y cinco años, ¡tendría que invertir $11.35 por día, $345 por mes y $4,144 por año para tener ese mismo millón! Ese es el poder del interés compuesto. Cuanto más tiempo dé a su dinero para que crezca, menor será la cantidad que necesite para producir resultados. Cuanto menos tiempo tenga, más será el dinero que necesitará. Y ya que estamos en esto, si esperara hasta los cuarenta y cinco años para empezar a invertir, necesitaría $38.02 por día, $1,157 por mes y $13,879 por año, invertido a 12 por ciento de interés para tener ese millón.

Dejar las cosas para más tarde es como un ladrón que nos roba nuestro futuro financiero. Cada día que esperamos perdemos un poco el poder del tiempo para ayudarnos a crear un futuro de abundancia en vez de uno de necesidad. Así es como la mentalidad de "mañana" nos puede robar el futuro. Deje que el tiempo sea su aliado, no un ladrón que silenciosamente se lleva su salud y su felicidad. ¡En vez de mañana, diga hoy!

Barrera #10

Pobrecito Yo: Creencias y Actitudes Conflictivas Sobre el Dinero

"El dinero es la raíz de toda clase de males." ¿Cuántas veces ha escuchado ésta y otras creencias negativas sobre el dinero? "El dinero conduce a cosas malas." "No se puede ganar mucho dinero con honradez." "El dinero hace arrogante a la gente; uno se olvida de dónde vino." "Para hacer mucho dinero hay que descuidar a la familia." "Una vez que se tiene dinero, la gente se aprovecha de uno." "Entre más dinero, más problemas." ¿Cómo llamamos a la gente que tiene mucho dinero? "Asquerosamente ricos." Con todo esto, ¿por qué alguien va a querer hacer mucho dinero?

Sin embargo, la mayoría de nosotros tiene otras creencias más positivas sobre el dinero porque hemos visto lo que éste puede hacer. El dinero puede ayudarnos a mantener a nuestra familia.

El dinero nos puede dar más comodidad. El dinero nos puede dar más opciones. El dinero puede pagar por atención médica, viajes, jubilación. El dinero se puede usar para beneficiar a otros, nuestros niños, caridades, nuestra comunidad. Y no tener dinero puede ser muy doloroso. La mayoría de nosotros tiene creencias tan conflictivas sobre el dinero que no es de extrañar que encontremos las finanzas tan difíciles de comprender.

Las creencias conflictivas sobre cualquier cosa nos impiden usar todo el poder de nuestra mente y nuestro corazón para concentrarnos en lo que queremos. Si usted quiere una relación pero le preocupa perder su libertad, ¿qué probabilidades tiene de entrar en una gran relación? Si usted quiere niños pero también quiere una carrera, ¿será feliz con cualquiera de las dos opciones hasta que resuelva el conflicto? Si usted quiere hacer un montón de dinero pero cree que para ganarlo no podrá estar con su familia, ¿se sentirá cómodo con ese sacrificio?

Aun cuando una persona ya haya comenzado a salir adelante económicamente, sus creencias negativas sobre el dinero pueden hacerla infeliz. Muchos clientes que me vienen a ver por primera vez están muy nerviosos. No quieren que nadie sepa que les está yendo bien porque creen que otros pensarán que son engreídos y arrogantes. Tienen miedo de ser estafados, embaucados, engañados o molestados por malhechores o parientes pobres. "Cuanto más dinero tiene uno, más problemas tiene," me dicen. Se sienten incómodos por el nivel de éxito que han alcanzado. Es casi como si tuviéramos un termostato interno que nos permite hacer sólo cierta cantidad de dinero sin dejar de sentirnos cómodos. Tenemos una zona de comodidad cuando se trata de nuestro éxito.

Nuestra zona de comodidad está basada generalmente en una

combinación de creencias que a su vez están fundadas en lo que hemos visto en nuestra familia y comunidad cuando se trata de dinero, y en lo que pensamos que nos merecemos. Si las cosas empiezan a ponerse demasiado calientes, si hacemos un montón de dinero, especialmente repentinamente, entonces empezamos a dudar de nosotros mismos y sentimos que no somos dignos de eso. Hasta podemos sabotear nuestro éxito gastando demasiado, comportándonos como idiotas o simplemente preocupándonos tanto sobre el dinero que no podemos disfrutar lo que tenemos. Eventualmente, retrocedemos al nivel de éxito financiero en el que nos sentimos cómodos.

He visto los efectos de esta clase de "zona de comodidad" con clientes que dejan el barrio y se mudan a comunidades principalmente anglo. Primero, sus familias les dicen "Se te va a subir a la cabeza." (Vea la Barrera 6.) Se sienten culpables por dejar el vecindario y abandonar a su comunidad. Tal vez miren su nuevo vecindario y comiencen a sentirse fuera de lugar (otra manera de decir "fuera de su zona de comodidad"). Esto puede ser tan malo que la gente reacciona de dos maneras: o se separan completamente de su comunidad y de sus raíces o se rinden y vuelven al barrio, aceptando menos de lo que realmente quieren.

Pero éste es el secreto: Nuestra zona de comodidad y nuestro termostato están controlados por nuestras creencias, y lo que creemos sobre el dinero es sólo cierto para nosotros porque lo creemos, no porque sea una verdad universal. ¿Es el dinero la raíz de todo mal? Si usted busca qué dice realmente la Biblia en el primer libro de Timoteo, capítulo 4, versículo 10, encontrará: "El amor al dinero es la raíz de toda clase de males." El amor al dinero, no el dinero en sí, es la raíz de todo mal. El dinero no es ni bueno ni malo; el dinero es sólo lo que nosotros hagamos de él. Usted puede ganarlo con honradez o con fraudulencia. Puede pasarse muchas horas separado de su familia haciendo dinero o puede invertirlo de tal manera que su dinero trabaje para usted, en vez de lo contrario. Usted puede dejar que la gente lo engañe y le quite su dinero o puede aprender a manejarlo usted mismo. El dinero es como las palabras: no tiene valor por sí mismo, pero lo que nosotros hacemos con él da significado a nuestra vida.

Lo que pensamos del dinero, bueno o malo, controla cómo lo ganamos y lo usamos. Lo que creemos determina si somos dueños del dinero o si él es dueño de nosotros. Es por eso que la primera sección de este libro es sobre creencias. No estoy diciendo que las creencias que usted tiene ahora sean correctas o equivocadas; lo único que le pido es que piense y vea cuáles son sus creencias en este momento y qué han producido. ¿Es feliz con su vida financiera? ¿Hay algunas áreas en las que quisiera más abundancia pero de alguna manera no ha podido crearla? ¿Hay algunas áreas donde usted sepa que tiene conflictos no resueltos sobre el dinero? Cuando decidimos eliminar cualquier tipo de creencias viejas y malas que nos han estado reteniendo y queremos adoptar creencias positivas sobre el dinero, podemos hacer y usar el dinero responsablemente y con entusiasmo.

Para desarrollar creencias positivas sobre el dinero, simplemente necesitamos recordar todas las cosas buenas que el dinero puede traer: mayor libertad, más seguridad, más opciones, la habilidad de contribuir a nuestra familia, nuestra comunidad y para nosotros mismos a un nivel más alto, la posibilidad de aprovechar las oportunidades que nos brinda la vida. Y necesitamos darnos cuenta de que la manera en que ganamos y usamos nuestro dinero es un área donde se pone a prueba la fuerza de nuestro carácter. Cuando respetamos al dinero como a una herramienta valiosa y como medio para obtener las cosas que queremos en la vida en vez de las cosas que queremos por sí mismas, cuando entendemos que el dinero simplemente aumenta nuestras propias fuerzas y debilidades interiores, entonces el dinero no es la raíz de todo mal, sino la base de la grandeza financiera para nosotros y nuestra familia.

Su Lugar en la Vida Está Determinado por lo que Usted Cree

Muchos hombres y mujeres sabios a través de los tiempos nos han dicho que nuestra vida refleja nuestra forma de pensar. Por consiguiente, si hoy usted está ganando $60,000, es por su manera de pensar. Si usted está ganando $250,000 es por sus pensamientos y creencias. Si su vida está más concentrada en la escasez que en la abundancia, probablemente usted cree en la escasez. Para cambiar el nivel de abundancia que usted atrae, primero y principalmente, usted debe cambiar su manera de pensar y lo que cree.

Como planificador financiero, tengo clientes que vienen y me dicen, "Estoy trabajando cuarenta horas por semana y gano $30,000 al año. Sé que para que mis hijos vayan a la universidad y para poder comprar una casa necesito $60,000 al año. Pero eso quiere decir que tendría que trabajar ochenta horas por semana. ¡No voy a tener tiempo para ninguna otra cosa!" Estos clientes creen que lo que están ganando es igual al tiempo y esfuerzo que están invirtiendo. Pero eso no es nada más que una creencia, y, a decir verdad, no es realmente una ecuación real. Yo les pregunto, "¿Cuánto cree que gana la presidenta de su compañía? ¿Más de $90,000 al año?" Generalmente me responden, "Por supuesto.

Ella gana cientos de miles de dólares." "Entonces ¿está trabajando más de ciento veinte horas por semana para que le paguen tanto, o simplemente le están pagando basándose en el valor de lo que ella hace, en vez de las horas que trabaja? ¿Hay muchas otras personas que trabajan cuarenta horas o menos a las que les pagan más de $30,000? Si es así, entonces a lo mejor para doblar sus ingresos usted no necesita trabajar ochenta horas. Quizás haya una manera de hacer más dinero simplemente cambiando de trabajo, o mediante un ascenso, o estudiando algo nuevo que haga que su tiempo y esfuerzo valgan más." Es entonces que muchos de mis clientes con pocos ingresos me miran maravillados porque nunca antes habían pensado de esa manera. Sus creencias los habían encerrado dentro de una cierta visión de lo que ellos podían tener en este mundo. Una vez que alguien les comienza a cuestionar estas creencias, muchos entran con entusiasmo en un mundo con más posibilidades.

Para vivir con más abundancia, usted necesita metas más grandes y, para tener metas más grandes, usted debe pensar de manera diferente. Así, puede ser que la gente cerca de usted se sienta incómoda, pero usted tiene que seguir esos pensamientos con acciones. He visto los efectos del cambio de creencias sobre el dinero en mi propia familia. Cuando mi esposa, Angie, y yo nos casamos, decidimos mudarnos a Irvine, California, un área muy hermosa del condado de Orange, cerca de mis dos hijas de mi primer matrimonio. Sin embargo, cuando Angie le dijo a su mejor amiga que nos íbamos a mudar, su amiga comenzó con las preguntas de siempre. "¿Quiénes se creen que son? ¿Por qué se mudan a una comunidad anglo? Van a estar tan lejos." Pero nosotros persistimos porque era lo correcto para nosotros. Poco después de mudarnos, la amiga de Angie comenzó a visitarnos periódicamente. Luego de un tiempo dijo, "Qué bien, éste es un vecindario realmente hermoso y la gente es muy amable." En poco tiempo estaba diciendo, "Tal vez mi esposo y yo debiéramos mudarnos a Irvine también." Cuando usted está abierto a creencias nuevas y más positivas se abren posibilidades nuevas de todo tipo. Y entonces sus nuevas creencias pueden influir a otros de manera que hagan, sean, y tengan más también.

Si usted está realmente comprometido con una vida de grandeza financiera, sus creencias tienen que apoyarlo en sus esfuerzos para tener mejores ingresos, edificar una mejor familia y así sucesivamente. La grandeza financiera requiere un nivel más alto de concentración para alcanzar sus metas. Usted no puede sabotearse y, por consiguiente, tiene que deshacerse de toda creencia conflictiva que pueda tener sobre la abundancia, la escasez, el dinero y su propio valor. Deshacerse de las creencias es muy sencillo, y sin embargo la mayoría de nosotros cree que es difícil o imposible hacerlo. Pero la mayor parte de nuestras creencias son cosas que nosotros creamos o que hemos oído de otra gente. Nunca las hemos puesto a prueba, y en realidad ni siquiera sabemos si son ciertas o no. "¿El dinero es la raíz de todo mal?" ¿Cómo sabe eso, cuando el dinero puede hacer tantas cosas buenas en las manos de buenas personas? "Para ganar el doble de lo que gano, tendré que trabajar el doble de horas." Tal vez, si continúa haciendo exactamente el mismo tipo de trabajo y gana exactamente lo mismo. Pero, ¿acaso no hay mucha gente que gana más dinero y trabaja la misma cantidad de horas? Es como la historia del jamón que le conté en el primer capítulo. Angie y su mamá pensaron que cortar los extremos del jamón era lo que lo hacía tan sabroso, cuando en realidad la abuela había cortado los extremos para que entrara en la asadera.

Tres Pasos Sencillos para Cambiar sus Creencias

Lo primero que debe hacer es observar cómo le están saliendo las
cosas en su vida. ¿Está ganando la cantidad de dinero que le gustaría ganar? ¿Está disfrutando de la clase de abundancia que
usted y su familia se merecen? Si no es así, ¿qué creencias lo están
reteniendo? Haga una lista de todas las creencias negativas que
tenga sobre el dinero, la abundancia, la escasez, el merecimiento
y así sucesivamente. Tal vez le sorprenda ver las cosas que piensa.
Una vez que tenga la lista, para cada creencia pregúntese,
"¿Cómo me está ayudando esta creencia? ¿Me ha dado lo que
quiero? ¿Qué resultados he obtenido con esta creencia?" Si los
resultados no son lo que usted quiere, entonces es hora de hacer
algunos cambios.

En la siguiente etapa, comience por observar sus viejas creencias y pregúntese, "¿Qué hay de falso en esto?" Piense en ejemplos
de su propia vida que demuestran lo que estas creencias verdaderamente son: mentiras que lo están reteniendo. Si usted no puede
pensar en ejemplos de su propia vida, piense en ejemplos de la
vida de otras personas. Como la presidenta de la que hablé antes:
ella no tenía que trabajar ciento veinte horas por semana para
ganar el triple de lo que ganaba mi cliente. Hay mucha gente que
hace grandes cosas con el dinero: establece fundaciones, ayuda a
los discapacitados, contribuye a causas en las que cree, etc. Hay
muchas familias que usan el dinero para estar más unidas al salir
de vacaciones juntas. La gente buena puede llegar en primer
lugar. Encuentre ejemplos de formas en las que sus viejas creencias sobre dinero, abundancia, etc., no son ciertas.

¡Y ahora empieza la parte divertida! Usted puede elegir lo que quiere creer. Por cada una de sus viejas creencias negativas, piense en una creencia positiva para reemplazarla. ¿El dinero es la raíz de todo mal? No, el dinero me permite hacer bien a un nivel mucho más alto. ¿No puedo ganar más dinero a menos que trabaje más horas? De ninguna manera, puedo explorar muchas formas de hacer más dinero. Puedo mejorar mis habilidades, conseguir un mejor trabajo, lograr un ascenso. Una vez tenga sus nuevas creencias, léalas una y otra vez y pregúntese, "¿Cómo sé que esto es cierto?" Cuantas más maneras se le ocurran que lo hagan sentirse seguro de la nueva creencia, más fácil será incorporarla en su vida.

La definición de locura es hacer lo mismo una y otra vez y esperar diferentes resultados. No cambiar sus creencias y esperar otros resultados es una locura. Las creencias conflictivas le impiden alcanzar lo que usted quiere y merece. Es como tratar de conducir un auto apretando el acelerador y el freno al mismo tiempo. Deshágase de sus creencias conflictivas y hallará que el camino a la grandeza financiera será mucho más fácil, y usted llegará a su destino mucho más rápidamente. ¡Y disfrutará mucho más el viaje!

Segunda Parte

*Crear la Grandeza
Financiera: Comienza
el Camino*

En la Primera Parte usted vio algunas de las creencias culturales que tantos latinos tienen sobre el dinero. Estas creencias generalmente no saltan a la vista; se acercan subrepticiamente y aparecen cada vez que tenemos que enfrentar una decisión financiera. Yo llamo a estas creencias "baches en el camino a la grandeza financiera," porque demoran nuestro avance y, a veces, nos detienen completamente.

Pero ahora que usted es consciente de esas creencias, tengo la esperanza de que pueda ver los baches antes de caer en ellos y pueda elegir otro camino. Ser consciente de una creencia siempre es el primer paso para cambiarla. Una vez que se adquiere conciencia de estos mitos culturales, es posible decirles "¡Váyanse de aquí!" a esas barreras que lo han retenido, y elegir creencias

que lo ayudarán a hacer más corto su camino a la grandeza financiera y a la abundancia que merece.

La segunda parte de este libro le mostrará cómo trazar su propio recorrido para el camino hacia la grandeza financiera. Este
plan será diferente del de cualquier otra persona porque su situación y objetivos son diferentes de los de otros. La falla más importante que encuentro en la mayoría de los libros financieros (y, en
realidad, en la mayoría de los planes financieros y los planificadores que los crean) es una falta de reconocimiento de la singulari-
dad de cada individuo. No sólo de su situación financiera, sus
activos, deudas, recursos, necesidades y demás, sino lo que es más
importante, de su situación humana, sus sueños, deseos, relaciones, metas, miedos y necesidades. Su plan no le servirá a menos
que este le muestre la ruta y el destino específicos que usted desea
alcanzar. Y si usted no ve con claridad absoluta cuál es su meta y
qué es lo que está dispuesto a hacer para llegar allí, tiene tantas
probabilidades de llegar a la grandeza financiera como un viajero
que trata de cruzar el desierto al mediodía, sin guía, mapa o agua.

Culturalmente, muchos latinos tienen problemas para hablar
sobre el lugar al que quieren llegar financieramente porque tienen problemas en imaginar ese destino. En el trato con mis clientes con frecuencia digo, "Imaginen que tengo una varita mágica
que puedo sacudir sobre su cabeza y hacer que las cosas sean per-
fectas. Hábleme de su futuro. ¿Dónde quisiera estar? ¿Cuál sería
su estilo de vida? ¿Estaría en su casa o trabajando? ¿Cómo serían
sus hijos? ¿En qué tipo de casa le gustaría vivir? ¿Dónde haría las
compras? ¿Qué actividades disfrutaría? Describa todo lo que le
gustaría tener en su vida perfecta. Pínteme un panorama de
dónde y cómo quisiera estar. ¿Dónde ve su matrimonio de aquí a
diez años? ¿Dónde ve a sus hijos cuando tengan dieciocho años?"

Usted puede pensar que una fantasía tan maravillosa sería fácil de visualizar, ¿No es cierto? Pero demasiados de mis clientes no pueden articular su visión. Es más, muchos de ellos me miran con una expresión de confusión, porque no se pueden imaginar esa clase de vida. Creo que esto se debe a un par de razones. Primero, muchos latinos no piensan tan lejos en el futuro debido a la Barrera #7: Dios se ocupa del futuro, por lo que ellos sólo se preocupan del presente. Segundo, y esto es mucho más serio, no estoy seguro de que estos clientes estén convencidos de que ellos tienen el poder de crear la vida que desean. Y sin creer en su propio poder para cambiar su destino, por medio de sus acciones, no hay razón para visualizar un futuro mejor que el de las circunstancias presentes.

Tengo la esperanza de que luego de leer la Primera Parte usted se haya dado cuenta del poder que tienen sus creencias en dar forma a su vida y a su futuro. Quiero estar seguro de que usted comience a leer la Segunda Parte con una creencia suprema en su mente: Usted es el único responsable de crear su propia vida. Con seguridad, las circunstancias serán parte de ella, pero sólo una pequeña parte. Estoy seguro de que usted conoce personas que comenzaron sin nada y crearon negocios, criaron hijos maravillosos, contribuyeron a su comunidad y amasaron suficiente riqueza para jubilarse cómodamente y ser muy felices. Y estoy seguro de que conoce a otros que quizás tuvieron muchas ventajas en su juventud y las malgastaron, terminando pobres, solos e infelices. Las circunstancias nunca determinan el fin del camino de nuestra vida; solamente cambian los caminos que tomamos para llegar a nuestro destino. Dónde terminamos está determinado por cómo respondemos a nuestras circunstancias, no por las circunstancias mismas. Y nuestra respuesta está directamente condicionada por lo que creemos sobre nosotros y por lo que deseamos, y aún más, por la visión que creamos de nuestra vida.

El Poder del "Por Qué"

Con toda la abundancia de información financiera que se puede obtener ahora, ¿por qué la mayoría de la gente continúa luchando económicamente? ¿Qué les impide llegar a la grandeza financiera? Después de años de trabajar con clientes en planificación financiera, he llegado a una conclusión con respecto a la razón por la cual tienen escasez en sus vidas: ellos no saben por qué están haciendo lo que están haciendo. Sobre todo, no se toman el tiempo para reflexionar sobre lo que quieren llegar a ser y el tipo de vida que quieren. Rara vez el problema es saber qué se quiere hacer con el dinero. Con tal abundancia de información financiera sobre la riqueza en libros, periódicos, revistas, programas de radio y televisión, ¿por qué la mayoría de la gente termina en bancarrota? La razón por la que la mayoría de los latinos no alcanzan la grandeza financiera es: (1) sus creencias (que hemos visto en la Primera Parte) les impiden tratar de lograr la grandeza financiera, y (2) no tienen suficientes razones poderosas, suficientes *por qués*.

Observemos el proceso de planificación financiera de un asesor financiero típico. En la primera reunión le pide al cliente que reúna y traiga a la segunda reunión todos sus documentos financieros, incluyendo un presupuesto, un estado de cuenta de sus activos netos, los estados de cuenta más recientes de su banco e inversiones, sus pólizas de seguro y su última declaración de impuestos. En la segunda reunión, el asesor financiero compara la situación actual de su cliente con sus objetivos predeterminados y recomienda ciertos productos como ayuda para cubrir cualquier laguna. En la tercera reunión el cliente viene a reordenar sus activos y a hacer alguna clase de inversión o a comprar alguna clase de seguro.

Éste es el proceso financiero típico, pero funciona para menos del 5 por ciento de la gente que quiere un plan financiero. Para el otro 95 por ciento, este proceso es débil, en el mejor de los casos. ¿Por qué? Porque las metas de la mayoría de la gente son débiles. Cuando la gente me viene a ver para planificar sus finanzas, casi siempre dicen cosas como, "Me quiero jubilar a los cincuenta y cinco," "Quiero ahorrar para la educación universitaria de mi hijo," o "Quiero invertir mi dinero." Pero esos objetivos son generales y superficiales. Yo los llamo "políticamente correctos," porque la mayoría de las veces la gente sentada frente de mí sólo está repitiendo lo que ellos piensan que deben ser sus objetivos.

¿Cómo responde el planificador financiero típico a esas clases de objetivos? Sugiere algún tipo de producto de inversión o seguro que le permitirá a esta persona ahorrar para su jubilación o para la educación de su hijo o para invertir su dinero. Pero luego se presentan las sorpresas de la vida. (Siempre hay muchos obstáculos en la vida que nos distraen de nuestras metas financieras.) El cliente pierde su trabajo o hay un gasto médico inesperado o se descompone el auto y cuesta mucho repararlo. ¿Qué pasa con esas metas financieras en esas circunstancias? Se desbaratan porque eran muy débiles para empezar. Las metas de planificación financiera débiles no son más que las resoluciones de fin de año, hechas impulsivamente, porque se sabe que usted las hará

en ese momento y las abandonará tan pronto se vuelvan inconve-
nientes.

Lleva tiempo saber qué es lo que realmente uno quiere en la
vida. Se necesita más que el par de horas que le da un asesor
financiero. Es necesario que usted piense qué es realmente
importante para usted y por qué, para luego crear metas, sistemas
y estrategias que le ayuden a alcanzar lo que usted realmente
desea. Pero la triste realidad es que la mayoría de la gente nunca
se ocupa de su vida. La mayoría de la humanidad simplemente
continúa viviendo día a día, sin tener la menor idea de la gran
vida que podrían tener. Desgraciadamente, al fin de nuestros días
todos terminamos en el mismo lugar, y no me refiero a la grandeza financiera. Por mucho que evitemos pensar en ello, al fin de
nuestra vida, a los cincuenta, sesenta, setenta, ochenta años, hasta
más allá de los noventa, estemos listos o no, tenemos que dejar
este mundo atrás. Pero lo que hace que cada uno de nosotros sea
diferente son los diferentes caminos que tomamos hasta esa "estación de partida." Y ese camino está completamente bajo nuestra
dirección y poder.

Recientemente viajé a Atlanta con mi esposa, Angie. Cuando
subí al avión y pasé por la cabina de primera clase para llegar a mi
asiento en clase económica, recordé un viaje anterior en que
había viajado en primera clase, y cuánto más placentera había
sido la experiencia. Después de que Angie y yo nos sentamos, le
dije, "Este viaje es como la vida. Todos los pasajeros en el avión
vamos a llegar al mismo destino. Algunos vamos a viajar más
cómodos y vamos a tener más opciones, pero el destino final es el
mismo. En la vida, el destino final de todos es la muerte. Todos
vamos a terminar en el mismo lugar, pero algunos vamos a viajar con más estilo, comodidad y opciones. Algunos vamos a ir en

primera clase, otros en económica y, desgraciadamente, algunos iremos con la carga. La pregunta es, ¿cómo queremos hacer el viaje?"

Por suerte, hay un poder dentro de cada uno de nosotros que nos ayuda a dar dirección a nuestro camino desde ese momento en adelante. Es el poder de nuestros propios por qués, nuestras razones individuales para vivir, respirar y existir. Descubrir esos por qués es el primer paso del proceso de la planificación financiera. Una vez que usted sepa por qué quiere tener éxito financieramente y se entusiasme con esas razones, todo lo demás encajará en su lugar. No estoy diciendo que usted no tenga que hacer el esfuerzo: es necesario dar cada uno de los 10 pasos de manera sistemática para lograr resultados sistemáticos. Pero cuando se tienen razones personales buenas y sólidas para hacer algo, es más fácil levantarse por la mañana y salir a crear la vida soñada.

El poder del por qué también ayuda a evitar el síndrome de cansancio, el síndrome de "¿Y esto es todo?" En mi oficina he visto a muchos clientes que han alcanzado bastante éxito financiero. Vienen a verme y, con frecuencia, me confiesan que ya no disfrutan de lo que están haciendo. Veinte años atrás comenzaron un negocio o iniciaron una profesión o se recibieron de médico porque amaban lo que hacían. Pero ahora han trabajado tanto y por tanto tiempo que odian la idea de ir a su trabajo otro día más. También está el caso de la gente que, y esto en mi opinión es mucho más triste, ha trabajado durante más de veinte años, descuidando otras partes de su vida. Su salud está deteriorada y su cónyuge quiere el divorcio. Sus hijos están completamente alienados porque su padre, que sólo piensa en trabajar, apenas los conoce. Esta pobre gente mira a su alrededor, a sus exitosos nego-

cios y dicen, "¿Y esto es todo?" Han sacrificado todo para tener
éxito, y acaban por darse cuenta de que, según muchos parámetros, no han tenido ningún éxito.

Con estos clientes, el primer paso en el proceso de planificación financiera es ayudarlos a tener en claro las prioridades de su
vida, lograr que se den cuenta de por qué querían empezar un
negocio o ser médicos en primer lugar. También exploramos qué
es realmente importante para ellos: familia, comunidad, éxito,
dinero, salud, y en qué orden tienen que estar esas cosas para
crear una vida realmente satisfactoria. Entonces, y sólo entonces,
comenzamos a establecer metas y a idear estrategias que los ayudarán a alcanzar lo que realmente quieren. Es posible que estas
metas no tengan nada que ver con dinero pero sí con pasar más
tiempo con sus hijos, o proveer un hogar feliz para sus padres
ancianos o contribuir tiempo a una causa caritativa o social que
signifique mucho para ellos.

Cuando mis clientes finalmente ven el panorama general de
cómo pueden estar satisfechos en muchas áreas de su vida, veo
cómo el alivio les ilumina la cara. Finalmente, comienzan a creer
que es posible vivir una vida llena de felicidad en vez de estrés,
salud en vez de exceso de trabajo, abundancia en vez de escasez,
de relaciones ricas en amor y conexion en vez de distanciamien-
tos y acusaciones. Se van de mi oficina entusiasmados y compro-
metidos con poner sus planes en acción. Y con el correr de los
meses yo tengo el placer de ver a mis clientes hacer realidad a sus
sueños.

La grandeza financiera puede parecer el único elemento de
una vida plena. Pero sé por experiencia y conocimientos que la
única manera de tener grandeza financiera es tener también
grandeza en las otras áreas de la vida. Es por eso que crear la gran-

deza financiera es una idea que va más allá del proceso de planificación financiera típico que usted puede leer u oír por ahí. El camino a recorrer hacia la grandeza financiera es sencillo, pero lleva tiempo. Pero, le aseguro que será tiempo bien invertido. Es más, la mejor inversión que usted puede hacer para su futuro financiero ahora mismo es invertir su tiempo. En la página 99, hablamos un poco sobre el poder del interés compuesto, sobre cómo una pequeña cantidad de dinero invertida durante un período prolongado de tiempo aumenta geométricamente. De la misma manera, el tiempo que usted invierta ahora en planificar su futuro financiero recibirá un interés compuesto que lo ayudará a crear una gran vida a nivel financiero.

La clave para crear la grandeza financiera es una palabra: concentración. Los 10 pasos a la grandeza financiera están diseñados para ayudarle a concentrarse, con una precisión de láser, en exactamente lo que usted quiere ser, hacer y tener en su vida. El proceso le mostrará cómo equilibrar las diferentes áreas de su vida, salud, riqueza, relaciones, entretenimiento, espiritualidad, comunidad, y así sucesivamente. Usted aprenderá a realizar sus sueños, al mismo tiempo que aprende a evitar la trampa de "¿Y esto es todo?" Pero lo que es más importante, usted aprenderá cómo disfrutar del camino, cómo evaluar su avance y cómo celebrar cada victoria mientras continúa hacia su meta final de grandeza financiera.

Los 10 Pasos a la Grandeza Financiera

Durante años, he usado mi proceso de 10 pasos para crear la grandeza financiera para mis clientes. Es realmente una experiencia gratificante y estoy entusiasmado de poner esto a su alcance.

Cada una de las diez secciones siguientes describe un paso en el proceso. ¡No se preocupe, no necesita un diploma en finanzas para entender esto! Todo lo que necesita en realidad es estar dispuesto a aprender, un poco de sinceridad y comprometerse a completar los 10 pasos. Pero este proceso tiene que hacerse de manera activa. No lea simplemente la sección y diga, "¡Vaya! Esto es interesante, pero están pasando el partido de béisbol por televisión y los niños me están llamando. Me ocuparé de los pasos más tarde." Cuando se siente a leer un capítulo, tome un papel (un cuaderno sería mejor) y una pluma o lápiz y dé el paso. Decida completar los 10 pasos en un período específico de tiempo, dos semanas, un mes, noventa días, una cantidad en que sea posible completarlo pero que le signifique un poco de presión para continuar trabajando.

He hecho todo lo posible para hacer que este proceso sea sencillo, divertido y gratificante. He usado muchos ejemplos para mostrarle cómo se hace. Y lo más importante, le prometo que cuando usted llegue al final de su camino, tendrá la sensación más grande, increíble y gratificante. Una y otra vez he visto a mis clientes emocionados hasta llegar a lagrimear de alegría al ver por sí mismos lo que es posible cuando se dan cuenta de que la grandeza financiera está al alcance de sus manos.

En verdad, el camino a la grandeza financiera es más como una rueda que una línea recta. Esto se debe a que las prioridades y necesidades de nuestra vida cambian con el curso del tiempo. Por ejemplo, tenemos una prioridad cuando estamos empezando un negocio y otra cuando el negocio ya está funcionando bien. Necesitamos pasar mucho más tiempo concentrados en nuestros hijos cuando ellos son jóvenes, y nuestras relaciones con ellos cambiarán una vez que dejen el nido. El proceso de 10 pasos nos permite renovar y reevaluar nuestras prioridades cuando sea apropiado.

El Gráfico 1, un modelo circular, es una representación visual del proceso. Básicamente, todo lo que usted hará es contestar diez preguntas. Los siguientes diez capítulos le explicarán cada uno de los pasos. También hay ejercicios que le ayudarán a poner estos pasos en práctica. Al fin de cada capítulo verá una lista clara de preguntas y acciones a tomar que facilitará la realización de cada paso. Marque la ubicación del gráfico para poder volver a el cuando necesite recordar el diseño general de los 10 pasos a la grandeza financiera. Éste es su plan para el camino. Sígalo y se maravillará de lo pronto que alcanzará resultados que sólo habían sido un sueño antes, o que quizás nunca tuvo ni siquiera la valentía de visualizar.

¿Está listo para comenzar? ¡Comencemos el recorrido!

Gráfico 1: 10 Pasos a la Grandeza Financiera

Paso 1: ¿Cuáles Son las Áreas y Funciones de su Vida en las que Más Se Concentra?

Paso 2: ¿Cuáles son sus Valores Más Importantes?

Paso 3: ¿Cuáles son sus Resultados y Metas Ideales?

Paso 4: ¿Cuál es su Punto de Partida?

Paso 5: ¿Qué Obstáculos Pueden Aparecer en su Camino?

Paso 6: ¿De qué Recursos Dispone Ahora?

Paso 7: ¿Cuál es su Estrategia?

Paso 8: ¿Qué Sistemas Prácticos Tiene que Establecer?

Paso 9: Verifique su Progreso Mientras Avanza

Paso 10: ¡Celebre y Comparta su Éxito!

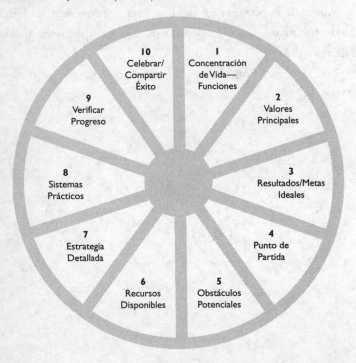

Paso #1

¿Cuáles Son las Áreas y Funciones de su Vida en las que Más Se Concentra?

De acuerdo con mi experiencia, la mayoría de nosotros se deja atrapar por las preocupaciones diarias de la vida. Y con frecuencia no es sino hasta que ocurre un suceso trágico que adquirimos alguna perspectiva de lo frágil que es la vida. La mayoría de las personas trabajan tanto *en* sus vidas que se olvidan de trabajar *para* sus vidas. Olvidamos qué es lo realmente importante. Para la mayoría, la vida es sólo un borrón. Día tras día, estamos constantemente apagando incendios. Estamos siempre corriendo, nunca tenemos tiempo para reflexionar. Estamos siempre concentrados en lo que es urgente, nunca en lo importante.

Demos un vistazo a lo que es un día típico para un ama de casa. Se levanta una hora antes que el resto de la familia. Se da una ducha, se viste y se pone el maquillaje. Despierta a los niños y les dice que empiecen a prepararse para ir a la escuela. Va a la cocina y comienza a preparar el desayuno. Los chicos necesitan que les cepillen el cabello o que les firmen un papel para la escuela, y de repente, se le ha hecho tarde. Pone a los chicos en la camioneta, los deja en la escuela y va a su trabajo en un tráfico infernal. Nueve horas después está conduciendo de nuevo, va a recoger a sus hijos, ya sea de la escuela o del lugar donde los cuidan durante el día. Ya son las 6:30 p.m. y ella tiene que hacer la cena. "Bueno, qué lío," piensa, "es muy tarde para empezar a cocinar. Tuve un día terrible en el trabajo y a esta altura no tengo la mínima gana de ponerme a lavar platos."

Entonces salen a comer hamburguesas o ella pide por teléfono una pizza, alitas de pollo y una botella de dos litros de gaseosa. A las 7:30 p.m. los niños terminaron de comer y están por terminar la tarea; es hora de que ella lave un poco de ropa y de que los niños tomen un baño. Mira un poco de televisión mientras plancha la ropa. Le lleva más o menos una hora (en un buen día) hacer que se duerman todos los niños. Termina el día arreglando la casa. Exhausta, cae en la cama y se duerme.

Éste es un día típico para la típica latina. ¿Dónde estaba su esposo? Su día no fue tan agitado, pero casi. ¿Y, adivinen qué? Mañana le espera otro día igual, y otra vez y otra vez y otra vez. Las deudas aumentan, los niños crecen y los padres envejecen. Éste no es el camino a la grandeza financiera. Éste es el camino a la desesperanza y la frustración, un camino de lucha constante. ¿Cómo salimos de este patrón? ¿Cómo dejamos de vivir una vida de desesperación silenciosa y nos liberamos para vivir la vida que realmente queremos tener?

Como dije antes, el camino a la vida que soñamos comienza

cuando nos damos cuenta de cuáles son esos sueños y luego crea- mos un plan para llegar allí. Eso es lo que usted hará en este pro- ceso de 10 pasos. Puede ser que al principio le parezca que estamos tomando la ruta más larga a la grandeza financiera, pero cada parte del camino es necesaria. Piense en esto como si estu- viera creando la mejor ruta desde donde se encuentra al lugar donde quiere ir. Es como ir a la *American Automobile Association* (AAA) y pedir que le den uno de esos mapas especiales llamados *TripTiks*. Cuando usted va a AAA, les dice, "Quiero ir de Los Ánge- les a la ciudad de Nueva York," y ellos le dan un pequeño librito de mapas hechos específicamente para usted. Cada mapa tiene una sección de cincuenta millas de la mejor ruta de Los Ángeles a Nueva York, con la ruta que usted debe tomar marcada en rojo. Eso es exactamente lo que usted tendrá cuando termine el pro- ceso a la grandeza financiera: un mapa de carretera hecho espe- cíficamente para usted, que le mostrará adónde necesita ir y qué necesita hacer para alcanzar lo que realmente quiere.

Pero para entender su mapa particular, usted necesita cono- cer primero cuál es su panorama general. Después de todo, hay muchas rutas que lo llevarán de Los Ángeles a Nueva York. Usted necesita decidir qué ruta le conviene más a usted antes de que AAA pueda planear su viaje. Usted les puede decir, "Quiero tomar la ruta del norte," o "Me gustaría pasar por San Antonio para ver a mi prima Lupe." De la misma manera, una vez que usted tenga claro cuáles son las áreas de su vida que le importan más, su pano- rama general, podrá crear un plan financiero que le ayudará a lle- gar adonde sea que quiera ir.

A este panorama general yo le llamo *áreas y funciones de su vida en las que usted más se concentra*. Son las partes de su vida que nece- sitan cierta atención en un momento dado. Cuando todas estas áreas de su vida están alineadas, usted tiene equilibrio y tranquilidad mental. Cuando no están alineadas, usted termina como la latina del ejemplo anterior, constantemente ocupada pero sin sentir que ha logrado algo al cabo de días, semanas, meses o años.

Defina las Áreas de su Vida en las que Más Se Concentra

El primer paso en la planificación de su camino a la grandeza financiera es dar un paso atrás y observar su vida desde una perspectiva diferente. Es como tener una vista aérea de lo que es realmente importante para usted. Más tarde, usted será más específico sobre cada una de estas áreas.

Conteste estas dos preguntas:

1. ¿Cuáles son las áreas más importantes de mi vida?
2. ¿En qué áreas tendría que trabajar para sentirme realmente exitoso?

Como un organismo que vive y respira, nuestra vida tiene funciones que deben ser atendidas. Tenemos que respirar. Tenemos que tomar agua. Tenemos que comer. Tenemos que movernos. Si no llevamos a cabo estas funciones, nos marchitamos y morimos. De la misma manera, si usted no cuida y alimenta ciertas funciones importantes de su vida, toda su vida se vuelve desequilibrada y vacía.

El Gráfico 2 muestra algunas áreas típicas de la vida en las que nos concentramos que le servirán de punto de partida. Éste es un diagrama que hice para mi propia vida. He incluido un diagrama en blanco al final del libro (página 253) por si usted quiere usar este formato para las áreas de su vida en las que se concentra más. O, si usted lo prefiere, puede simplemente hacer una lista de las áreas en una hoja de papel o en un cuaderno. En los años en que he usado este proceso con mis clientes, he notado que la mayoría de la gente se concentra en nueve áreas de su vida. Mi lista incluye las siguientes:

Gráfico 2: Áreas y Funciones de la Vida de Mayor Concentración

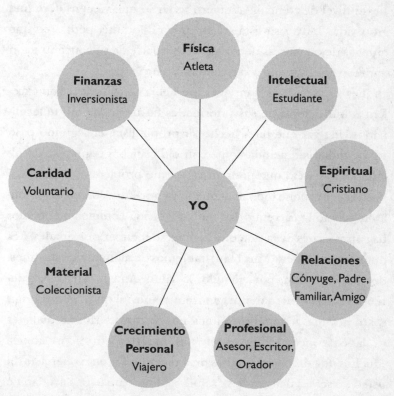

Física

Intelectual

Espiritual

Relaciones

Profesional

Crecimiento personal

Material

Caridad

Finanzas

Todas estas áreas son parte de mi vida diaria y necesitan un cierto nivel de atención si quiero tener lo que yo considero una gran vida. Tal vez su lista sea un poco diferente, pero creo que muchas de estas áreas deberían recibir parte de su concentración para tomar el camino a la grandeza financiera.

Las áreas de la vida en que usted elija concentrarse son excelentes indicadores de sus prioridades en un momento determinado. Una vez que haya hecho su propia lista, el segundo paso será estudiarla detenidamente con ojo crítico. Pregúntese, "¿Faltan algunas áreas que podrían causarme problemas más tarde?" Mucha gente pone toda su atención y concentración en un par de áreas, como la carrera o la familia, y olvida completamente que hay otras partes de la vida que también deben ser prioridades. Les digo a mis clientes, "Muy bien, hablemos de algunas de estas áreas de concentración, por ejemplo, la salud. Aún si usted llegara a tener mucho dinero dentro de treinta años, si no se ocupa de su salud hoy día, ¿estará en condiciones de disfrutarlo? La diabetes es la enfermedad que causa más muertes entre los latinos. Muchos de nosotros comemos muy mal y no hacemos ejercicio. Si usted no se va a ocupar de su salud, el dinero no le va a ayudar. Le sugiero encarecidamente que haga de la salud una de las áreas en las que se va a concentrar." La segunda pregunta es "¿Hay áreas en las que me estoy concentrando demasiado en este momento, lo que causa un desequilibrio en mi vida?" Mucha gente tiene mucho éxito en los negocios pero termina divorciándose porque no se concentra en sus relaciones. "Pero ¡hacer que el negocio empiece a funcionar tiene que estar primero!" protestan. Tal vez, ¿pero cómo cree que se siente su cónyuge al saber que ocupa el segundo, tercer, cuarto, hasta el último lugar en la lista de sus prioridades?

Si usted se concentra sólo en el trabajo y no en sus relaciones, podría terminar con un montón de dinero pero nadie con quien compartirlo. De la misma manera, si usted enfoca toda su atención en su trabajo y carrera y nada en administrar el dinero que gana y en ahorrar para el futuro, lo más probable es que más adelante sufra. Y si se concentra sólo en sí mismo, su trabajo y su familia, y no presta atención a lo que yo llamo su responsabilidad como ser humano, en las áreas de la caridad, espiritualidad y de la comunidad, se perderá algunos de los aspectos más gratificantes de la vida. Su concentración en la rueda de su vida necesita ser equilibrada. Si no está equilibrada es como tratar de conducir un vehículo con una llanta pinchada. Su camino a la grandeza financiera le llevará más tiempo y tendrá muchos más desniveles.

Determinar sus áreas de mayor concentración es una excelente manera de observar su vida desde una perspectiva más amplia y ver todos los elementos de crucial importancia propios de una gran vida. La idea es trabajar *en* su vida, no sólo *para* su vida. Decida en qué áreas quiere concentrarse, sabiendo que eventualmente tendrá que poner más atención en todas las áreas para alcanzar la grandeza.

Defina sus Funciones

Dentro de cada área de concentración de la vida cumplimos con frecuencia un número de funciones diferentes. En nuestra carrera podemos ser empleados, ocuparnos de mercadeo, ser empresarios. En nuestras relaciones somos amigos, cónyuges, padres, hijos, etc. En el área de la contribución podemos ser voluntarios, contribuyentes u organizadores. Las funciones que cumplimos definen quiénes somos y qué es importante para nosotros. Estas funciones son las diferentes áreas de concentración que se presentan día a día en nuestra vida.

Observe por un momento la lista o el diagrama de las áreas de concentración de su vida. Pregúntese, "Dentro de esta área de concentración, ¿quién soy? ¿Qué funciones desempeño?" Debajo de cada área de concentración, escriba las funciones que son más significativas e importantes para usted.

Cuando sigo este proceso con mis clientes, les digo, "Imagine que se despierta una mañana como cualquier otra. ¿Cuál es la primera función que debe atender?" Para muchos de mis clientes es "cónyuge" o "padre." "Muy bien," les digo. "¿Cuál es la siguiente función?" Esto puede ser "jefe" o "empleado" o "persona de negocios" o "cuidador," según sea su ocupación específica. Repasamos una semana típica e identificamos las funciones que mis clientes desempeñan en forma continua. Luego volvemos al diagrama de áreas de concentración y les pregunto, "Ahora, en las áreas de concentración que no han sido una prioridad para usted pero a las que quiere prestar más atención de ahora en adelante, ¿qué funciones le gustaría desempeñar? En el área de la salud, por ejemplo, ¿le gustaría ser un atleta? ¿Ser una mujer con un cuerpo fuerte y hermoso? ¿Una persona que se quiere mantener en forma? En el área de las finanzas, ¿se ve como inversionista? ¿generador de riqueza? ¿ahorrador?" Nos aseguramos de que cada área de concentración de la vida del cliente tenga al menos una función en ella. Las funciones sirven para hacer que las áreas de concentración de la vida sean más específicas.

Sin embargo, no sólo necesitamos saber qué funciones cumplimos sino también qué importancia tienen para nosotros estas funciones para crear una vida que nos satisfaga. Vuelva a mirar su propia lista y por cada función pregúntese, "En una escala de 1 a 10, ¿qué importancia tiene esta función? ¿estoy cumpliendo esa función al nivel de importancia que le he dado?" Muchos de nosotros podríamos clasificar la importancia de ser un cónyuge excelente al nivel 10, pero admitir con sinceridad que sólo la estamos desempeñando al nivel 4. Por lo que debe hacerse la siguiente pregunta, "¿Qué debo hacer para cumplir esta función al nivel deseado?

Por lo general, el diálogo con mis clientes es algo más o menos así, "Rosa," pregunto yo, "usted dice que una de sus funciones es la de ser esposa. ¿Qué importancia tiene para usted esa función?"

"Es un 10," responde Rosa.

"Muy bien, y en una escala de 1 a 10, ¿dónde está usted como esposa?"

"Bueno, como trabajo, no puedo pasar mucho tiempo con mi esposo y los niños necesitan mucha atención...probablemente un 6."

"Muy bien," le digo. "¿Qué cree que la haría una esposa de nivel 10? Dígame todo lo que usted cree que una esposa de nivel 10 debe ser o hacer."

Una vez que he escuchado la lista de Rosa, le digo, "Esto es sólo un punto de partida, Rosa. ¿Cree que sería importante saber qué es para su esposo una esposa de nivel 10?"

Rosa me mira extrañada. "Nunca pensé en eso. Pero, seguro, quiero que piense que yo soy una esposa de nivel 10."

"Entonces, quiero que vaya a su casa y le pregunte a su esposo cómo cree él que debe ser o qué debe hacer una esposa de nivel 10," le digo. "Y luego haga otra lista para usted. Aprendemos la mayoría de las cosas que hacemos como esposa o marido por la manera en que vimos que se trataban nuestros padres, aprendemos qué hacer y qué no hacer. Piense en su madre y en la forma en que ella era en su relación con su esposo. ¿Era una esposa de nivel 10? Si no lo era, ¿qué la hubiera hecho maravillosa? Con esas tres listas, la suya, la de su esposo y la lista sobre su madre, usted debe formarse una imagen bastante buena de lo que debe hacer para ser una esposa de nivel 10."

Saber cuáles son sus funciones, qué importancia tienen en su vida y cómo desempeñar esas funciones al nivel que a usted le gustaría, son todas partes de tener el panorama general de su vida, lo que su vida es ahora y cómo le gustaría que fuera a partir de este momento. Esta etapa es absolutamente crítica al comenzar el camino a la grandeza financiera. Si usted me dice, "Louis, quiero ir a su oficina, ¿me puede dar direcciones?" yo tengo que saber desde dónde va a venir, porque, dependiendo del lugar de dónde venga, de Long Beach o del centro de Los Ángeles, las direcciones serán diferentes.

El descubrir las funciones también puede revelar la misma clase de desequilibrio que usted encontró cuando observó las áreas de concentración de su vida. En el área de carreras, por ejemplo, usted puede estar tan completamente concentrado en ser un excelente jefe, en obtener resultados y cumplir cuotas, que puede descuidar su función como compañero de trabajo. Si esto sucede, ¿está siendo realmente un excelente jefe? Probablemente no. Entre los latinos, la familia es un área de concentración sumamente importante. Muchos latinos ponen en su lista "ser padre" como una de las funciones más importantes que cumplen. Pero terminarán descuidando una función que también tiene un tremendo impacto en la familia: la función de cónyuge. Marido y mujer nunca se llegan a conocer. No trabajan en su matrimonio, y como resultado, las tasas de divorcio en las comunidades latinas son tan altas como las de cualquier otra comunidad de Estados Unidos.

La última parte de este paso es elegir las funciones y áreas en las que usted necesita concentrarse, basándose en lo que tendrá el mayor impacto en su vida en este momento. Esto no significa que usted descuidará las otras funciones, esa es parte de la razón por la que su vida puede estar desequilibrada ahora. Piense en esto como en ir al gimnasio. Si usted quiere estar en buen estado físico, tiene que hacer diferentes ejercicios para diferentes partes de su cuerpo. Va a necesitar ejercicios cardiovasculares para su corazón. Puede hacer flexiones para sus abdominales. Puede levantar pesas para desarrollar sus brazos y pecho y tal vez usar alguna máquina para dar tono a sus piernas. Pero, dependiendo del estado en que usted se encuentre, algunas áreas van a necesitar más trabajo que otras. Por lo que usted hace un poco más de flexiones o levanta pesas más pesadas por un tiempo hasta que el grupo de músculos se hace más fuerte y se acerca más al nivel en que se encuentra el resto de su cuerpo. ¡Pero eso no quiere decir que usted deja de hacer el ejercicio cardiovascular! Cada área necesita un cierto nivel de atención continua y concentración para que el cuerpo esté sano.

De la misma manera, por un tiempo usted puede necesitar

concentrarse más en un área o función en particular para poder aumentar su fuerza allí. Si usted ha descuidado su matrimonio, necesita ocuparse más de su cónyuge. Si ha descuidado su salud, es mejor que la haga una prioridad. Si es mejor jefe que compañero de trabajo, tal vez sea hora de mejorar sus relaciones en el trabajo. Si se ha concentrado exclusivamente en sus negocios y no se ha ocupado de sus necesidades espirituales o no ha contribuido nada a su comunidad, tal vez necesite ampliar su visión y mirar tanto hacia adentro como hacia afuera para lograr una mayor satisfacción. Recuerde, su meta es tener una "rueda de la vida" equilibrada, donde haya suficientes áreas de concentración para hacer que sus días sean más plenos. Cada área necesita recibir suficiente atención para continuar funcionando bien a lo largo del camino de la grandeza financiera.

La Historia de Juan

Déjeme que le dé un ejemplo del poder que conlleva a conocer las áreas de concentración y funciones de su vida. Hace un par de años, Juan vino a mi oficina para planificar la educación de sus tres hijos, de catorce, doce y nueve años. Él estaba ganando bastante dinero pero tenía muy poco ahorrado, a pesar de que estaba trabajando seis días por semana. Le dije que antes de hacer ninguna clase de planes quería saber qué era realmente importante en su vida. Le hice las preguntas de este capítulo y descubrí las áreas en que Juan concentraba su vida: carrera, finanzas, relaciones, espiritualidad y salud.

Luego estudiamos las funciones que Juan estaba cumpliendo en cada área. Cuando llegamos a las relaciones, "padre" fue la primera función que escribió Juan en su lista. Era obvio que Juan amaba mucho a sus hijos y que su función de padre era muy importante para él. Es más, en una escala de 1 a 10, considerando a 1 como de ninguna importancia y 10 como lo más importante, sus hijos eran un 11.

Le pregunté a Juan, "Si yo conociera a tus tres hijos cuando ya hayan crecido y les hiciera esta pregunta, '¿Qué clase de padre fue Juan?' ¿qué te gustaría que me contestaran?" "Me gustaría que dijeran que fui un excelente padre," contestó Juan. "Si yo les pidiera a tus hijos que me dieran la razón por la que creen que fuiste un excelente padre, ¿cómo crees que me responderían?" Antes de que pudiera contestar, agregué, "Juan, en mi experiencia, para la mayoría de los hijos la palabra 'amor' se deletrea 'T-I-E-M-P-O.'" A la mayoría de los niños no les importa si la casa en que viven es grande, qué clase de vehículo manejan sus padres o cuántos juguetes tienen. Lo que es valioso de nuestra niñez son los recuerdos. Algunos de nosotros tenemos la fortuna de tener magníficos recuerdos llenos de amor de nuestros padres y otros no los tenemos.

"Juan, ¿qué clase de padre tuviste?"

Juan sonrió, "Mi padre fue muy bueno."

"¿Por qué dices que fue bueno?"

"Yo sólo era un niño," dijo Juan. "Mi padre era marino y amaba el mar. Recuerdo perfectamente que cuando yo tenía quince años, mi padre me llevó a navegar en un velero durante cuatro semanas, solos los dos. Todavía siento el olor del aire de mar y el gusto del agua salada, y todavía puedo ver las fuertes manos de mi padre. En ese viaje él me enseñó a ser un hombre. Hablamos por horas sobre lo que significaba ser un hombre. Ese es el mejor recuerdo que tengo de mi padre. Él murió cuando yo tenía dieciocho años, y como no tenía seguro de vida mi madre tuvo que vender su velero para poder enterrarlo."

Yo veía las lágrimas en los ojos de Juan.

"Esa es una historia estupenda," le dije. "¿Has tenido un momento como ese con tus tres hijos?"

"No," contestó.

"Si pudieras crear un recuerdo maravilloso con tus tres hijos, ¿qué harías?"

Juan pensó por un segundo y dijo, "Me encantaría enseñarles a mis hijos a amar el mar. Me encantaría llevarlos en un velero."

"¿Qué te detiene?" le pregunté.

"Estoy muy ocupado con el trabajo, y tengo muy pocos ahorros," me dijo tristemente. "Para un viaje en velero como ese necesitaría mucho tiempo y dinero. Pero si pudiera hacerlo, me podría morir mañana y estaría contento."

En ese mismo momento, desde mi oficina, llamamos al jefe de Juan. Yo me presenté como su planificador financiero y le expliqué a su jefe que estaba planificando las finanzas para uno de los objetivos más importantes en la vida de Juan. Para poder concretar su sueño, Juan necesitaba tomarse un tiempo libre, más o menos tres semanas, el año siguiente. Le pregunté al jefe si él estaría de acuerdo. El jefe me explicó que la compañía ya estaba sufriendo una escasez de empleados capacitados y que sería difícil garantizarlo. Le expliqué lo que estábamos haciendo y compartí con él la historia de Juan, y su jefe dijo que estaba bien.

Una vez que supimos cuál era el área de concentración en la vida de Juan y la importancia que le daba a su función de padre, y una vez llegamos al objetivo del viaje en velero, le pedí a Juan que volviera para crear un presupuesto (su estrategia). Después establecimos un sistema: abrimos una cuenta en la que, cada mes, se depositaba una parte de su salario para pagar por el viaje con sus hijos. A los catorce meses, Juan hizo realidad su sueño de navegar con sus tres hijos. Y la vida de Juan y de sus hijos cambió para siempre.

Cuando Juan vino a mi oficina ese primer día, él pensó que quería hacer algo para planificar la educación de sus hijos. En cambio, recibió una educación sobre cómo construir una vida estupenda. Salió de mi oficina entusiasmado con su plan y comprometido a seguirlo. Ahora, Juan ahorra sistemáticamente para los gastos de la universidad de sus hijos, pero también está ahorrando para continuar creando recuerdos con ellos. Conocer las áreas de concentración de su vida y sus funciones le permitirá sentir más satisfacción, no solamente al fin del camino sino todos los días. En el próximo paso va a descubrir cómo sus valores, las emociones y cosas que usted considera más importantes en su vida, le pueden ayudar, indicándole la dirección en la que se encuentra su camino a la grandeza financiera.

Paso 1: ¿Cuáles Son las Áreas y Funciones de su Vida en las que Más Se Concentra?

Hágase las siguientes preguntas. Escriba las respuestas en una hoja de papel o en su cuaderno, o haga una copia del diagrama en la página 253 y escriba sus respuestas en la copia.

Determine las Áreas de Concentración de su Vida

► *¿Cuáles son las áreas principales y más importantes de mi vida?*
Algunas sugerencias incluyen física, intelectual, espiritual, relaciones, profesional/carrera, crecimiento personal, material, caridad, finanzas, etc.

► *¿A qué áreas debo dedicarme más para sentirme realmente exitoso?*
¿Hay algunas áreas que usted haya estado descuidando y en las que necesite concentrarse para crear una vida más gratificante?

► *¿Faltan áreas cuya ausencia me podría causar problemas más adelante?*
¿Se ha olvidado de sus necesidades emocionales y espirituales? ¿Está ahorrando para el futuro? ¿Está contribuyendo a su comunidad?

► *¿Hay áreas en las que me estoy concentrado demasiado y que están desequilibrando mi vida?*
¿Está poniendo demasiado esfuerzo y energía en el trabajo? ¿Está poniendo todo su tiempo y concentración en sus relaciones y descuidando su salud?

Ahora que ha reconocido las áreas de su vida actual y ha descubierto cuáles necesita agregar, enfatizar o desenfatizar para crear una vida más plena, está listo para determinar sus funciones.

Dentro de cada área de concentración de su vida, hágase las siguientes preguntas. Escriba las respuestas debajo del área de concentración apropiada, ya sea en la gráfica, en una hoja de papel o en su cuaderno.

Determine sus Funciones

▶ *¿Quién soy dentro de esta área de concentración? ¿Qué funciones desempeño?*

Haga una lista de las funciones que usted tiene en cada área. Por ejemplo, bajo relaciones puede tener amigo, hijo, cónyuge. También puede hallar que sólo tiene una función en un área en particular, y eso también está bien.

▶ *¿En una escala de 1 a 10, ¿qué importancia tiene esta función? ¿Estoy cumpliendo esta función al nivel de importancia que le he dado?*

Tome cada función y dele un número de acuerdo a su importancia. Luego, sea muy sincero y evalúe si la forma en que está cumpliendo esa función se ajusta a sus propios parámetros.

▶ *¿Qué tendría que hacer para alcanzar esta escala para esta función?*

Si ha descubierto una laguna entre la forma en que usted quiere cumplir esta función y cómo lo está haciendo en la actualidad, piense en formas en que pueda cumplirla mejor. Halle ejemplos, gente que ha desempeñado bien esta función particular y pregúntese, "¿Qué hay en ellos que los hace un excelente padre, cónyuge, jefe, atleta, etc.?" Si usted quiere desempeñar mejor una función que involucra a otras personas (como un padre o un cónyuge), pregúntele a la gente que sería afectada directamente cómo les gustaría a ellos que usted se comporte en esa función.

¡Felicitaciones! Ya tiene un panorama general de las áreas en que se debe concentrar en su vida para estar satisfecho. Esto es parte de crear el poder del por qué del que hablamos anteriormente: Ya está listo para el próximo paso: descubrir los valores y emociones que usted quiere sentir a diario y que lo impulsarán a lo largo del camino a la grandeza financiera.

Paso #2

¿Cuáles Son sus Valores Más Importantes?

¿Por qué hacemos lo que hacemos? ¿Por qué trabaja mos, iniciamos relaciones, vamos a eventos deportivos, contribuimos a la comunidad? Porque nuestras acciones nos hacen sentir ciertas emociones que consideramos placenteras e importantes, es decir, valiosas. Llamamos valores a estas emociones. Para recorrer el camino a la grandeza financiera, necesitamos saber qué es importante en nuestra vida, no sólo las cosas, también los sentimientos, las relaciones y así sucesivamente. Sus valores son la brújula que lo mantendrá en camino a vivir una vida grandiosa. Sus valores más importantes definen quién es usted. También dirigen sus acciones. Sin una concentración en sus valores, puede ser que sucesos que en última instancia tienen poca importancia lo distraigan. Una vez sepa qué valores son importantes para usted, será mucho más fácil crear una lista de metas que le ayuden a sentirse bien constantemente.

Valoramos diferentes sentimientos en las diferentes áreas y funciones de nuestra vida. Y, si bien no pasamos mucho tiempo pensando en ellos, definir nuestros valores en cualquier contexto es en verdad muy sencillo. Simplemente nos preguntamos:

> ¿Qué es más importante para mí? ¿Qué sentimientos quiero sentir en el contexto de esta área o función específicas?

Vamos a suponer que usted ya ha creado su propia lista o diagrama que muestra las áreas de concentración de su vida (si no lo ha hecho, vuelva al Paso #1 y hágalo ahora). Puede escribir estos valores al lado o debajo de cada una de las diferentes áreas y funciones. Si tiene una área de "profesión" o "carrera," por ejemplo, tal vez tenga un valor de "respeto" o de "logros" o de "progreso" o de "éxito." Esos son sentimientos que usted quiere tener en el área de su carrera de una forma regular. Puede ver un ejemplo en el Gráfico 3.

En el área de relaciones, puede hacer una lista de las funciones que son importantes para usted. Cónyuge, padre, amigo, pariente y así sucesivamente, pero también debería incluir en la lista todos los sentimientos que son importantes para usted en todas esas funciones. Por ejemplo, en el área de concentración de relaciones de mi vida, yo he incluido ser esposo como una de mis funciones más importantes. Uno de los sentimientos que quiero como esposo es tener una relación estrecha con mi mujer. En mi función de padre, valoro el amor. En mi función de amigo, valoro el cariño de mis amigos y la diversión. Y así sucesivamente.

Todo lo que hacemos en la vida, lo hacemos para sentir un tipo especial de sentimiento. ¿Vamos a trabajar para poder traer a casa un montón de papeles llamados dinero? En realidad, no. Vamos a trabajar para sentirnos exitosos o seguros, porque sabemos que estamos ocupándonos de nosotros y de nuestra familia, o para tener un sentimiento de conexión con la gente con la que trabajamos. De igual manera, ¿qué es lo que queremos de cualquier relación? Sentimientos. Los sentimientos son lo que nos motiva, no el trabajo o la relación o el dinero. Esos sentimientos impulsan nuestras acciones y nuestras opciones sobre la vida y el dinero. ¿Puede ver cómo conocer sus valores tiene un efecto enorme en su camino a la grandeza financiera?

Aun más importante, los sentimientos que usted quiere tener pueden ser muy diferentes de los sentimientos que quiere otra persona. Observe, por ejemplo, el área de finanzas. En el Gráfico 3, puede ver que yo quiero experimentar un sentimiento de libertad en lo que trata de finanzas. Muchos de mis clientes, sin embargo, me dicen que ellos quieren un sentimiento de seguridad. ¿Usted cree que mis clientes y yo haríamos cosas muy diferentes cuando se trata de administrar nuestro dinero porque queremos sentimientos diferentes? Por supuesto que sí.

En verdad, los valores hasta determinan si *nos damos cuenta* de haber alcanzado la grandeza financiera y cuándo lo hicimos. Lea lo siguiente sobre Juan y María. El valor más importante de Juan con respecto al dinero es la seguridad. Su padre perdió todo en un mal negocio cuando Juan era un niño, por lo que Juan quiere estar seguro de que eso no le ocurra nunca a él o a su familia. La razón por la que quiere dinero es para sentirse seguro y por eso trabaja ochenta horas a la semana para ahorrar suficiente dinero

Gráfico 3: Valores Importantes de la Vida

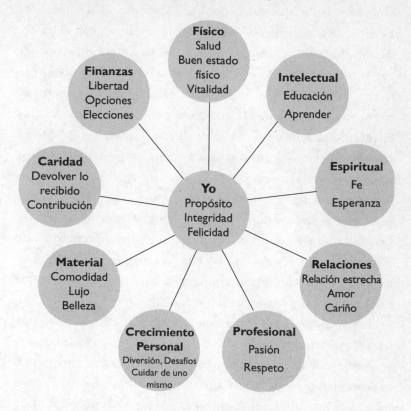

para resolver cualquier desastre posible. Cuando le pregunté a Juan cuánto dinero lo haría sentirse seguro, respondió, "Al menos $2 millones: $1 millón en bonos del gobierno y un negocio con un valor de $1 millón, sin deudas." Juan piensa que le va a tomar otros veinte años ahorrar $1 millón en bonos y establecer su negocio. Mientras tanto, se preocupa constantemente sobre si está tomando decisiones seguras para él y su familia.

María, por el otro lado, tiene el valor de opciones cuando se trata de dinero. La razón para tener dinero, ella piensa, es que le permite hacer lo que quiere, cuando quiere y de la manera que

ella quiere. Cuando le pregunté a María cuánto dinero sería necesario para sentir que tenía opciones, contestó, "Un ingreso de
$100,000 al año de inversiones." María piensa que, con el dinero
que ha ahorrado (parte en bonos, parte en fondos de inversión,
parte en bienes raíces), y considerando la manera en que está creciendo su negocio, ella puede alcanzar su meta en aproximadamente diez años. Como María valora tener opciones en su área
financiera, está dispuesta a probar diferentes estrategias tanto en
su negocio como en sus finanzas personales. Ha tenido éxitos y
fracasos, pero ha aprendido de sus fracasos y puede tomar mejores decisiones en el futuro. Cuando le pregunté a María dónde
considera estar en su camino a la grandeza financiera, me dijo,
"Sabe, tal vez no haya llegado a la grandeza todavía, pero siento
con seguridad que voy camino a ella. Ya tengo varias opciones en
mi vida financiera y tengo confianza en que las decisiones que
estoy tomando son en general buenas."

Estas dos personas están avanzando en el camino a la grandeza financiera, pero María está disfrutando más que Juan simplemente por la diferencia en sus valores. Note el otro punto
importante: *no es sólo el valor sino cómo usted define ese valor*, lo que
hace la diferencia. Lo que nos lleva a la segunda pregunta. Una
vez que usted ha definido un sentimiento (valor) que quiere
tener en un área de concentración o función, pregúntese:

¿Qué significa este sentimiento para mí? ¿Cómo sé que he
alcanzado este valor?

Usted debe poder pensar en una o dos oraciones que de-
scriban exactamente qué significa para usted cada valor. Si escribió "amor" como uno de sus valores, ¿cómo sabrá que tiene
amor? ¿Tiene que estar comprometido en una relación? ¿Nece-

sita tener un montón de hijos? ¿Necesita un círculo grande de amigos? ¿Necesita vivir cerca de sus hermanos, hermanas, padres o primos?

Por ejemplo, como esposo, yo valoro una relación estrecha. Sé que la tengo en mi matrimonio cuando siento que mi esposa es la persona más importante del mundo para mí y ella siente lo mismo respecto a mí. En mis amistades valoro el cariño cuando siento que mis amigos están dispuestos a ayudarme y yo a ellos. Recuerde, estas oraciones no tienen que ser largas o complicadas, simplemente escriba unas pocas palabras sobre lo que significa para usted este valor en particular.

Y ya que estamos en esto, si usted está comprometido en una relación, ya sea romántica o profesional, puede ser muy revelador compartir sus valores con la otra persona y viceversa. ¿A cuántos matrimonios les ha ido mal simplemente porque los cónyuges valoraban cosas diferentes o tenían el mismo valor, el amor, pero diferentes maneras de sentirlo y expresarlo? De igual manera, en una relación profesional es vital saber qué es importante para su socio.

Puede parecer, reitero, que este paso no está directamente relacionado con el camino a la grandeza financiera, pero tengo la esperanza de que usted verá la importancia que tiene. Saber qué sentimientos son importantes para usted, y cómo saber cuando los siente, le permite trazar un camino a la grandeza financiera que le dará plena satisfacción mientras lo recorre y no sólo al final. También le permite tener una vida más abundante y excitante en todas las áreas: finanzas, relaciones, profesión, etc. Usted conocerá los blancos a los que está apuntando y cómo tirar para dar en el centro con mucha más frecuencia. Y eso significará muchos más tiros en el centro del blanco y una vida mucho más feliz.

¿Cuáles Son sus Valores Más Importantes?

Observe cada área de concentración de su vida y la función o funciones en ella, y conteste las siguientes preguntas. Escriba las respuestas en una hoja de papel o en su cuaderno, preferiblemente en el diagrama o página donde ya ha escrito la lista de las áreas de concentración y funciones de su vida.

▶ *En esta área particular de mi vida, ¿qué es lo más importante para mí?*

Por ejemplo, para su carrera o profesión, tal vez usted quiere éxito, logros, respeto, seguridad, etc. Para las relaciones, puede querer amor, diversión, afecto, relaciones estrechas, cariño, etc.

▶ *Por cada valor o sentimiento que he incluido en la lista, ¿qué significa este sentimiento o valor para mí? ¿Cómo sabré cuándo he alcanzado este valor?*

Cada una de sus respuestas no debe ser más de una o dos oraciones. Por ejemplo, para salud, tal vez quiera decir algo como, "Cuando me siento bien físicamente" o "Cuando siento que mi cuerpo está en forma y trabajando como una máquina" o "Cuando como, bebo, duermo y hago ejercicio de una manera saludable," etc.

Recuerde, esta lista de sentimientos le ayudará no sólo a llegar a su destino en su camino a la grandeza financiera, también le ayudará a disfrutar mucho más el viaje. Ahora que usted entiende mucho más sobre su vida en general, está listo para crear un plan para su viaje. Ahora puede pasar a crear una lista de resultados y metas que lo ayudarán a alcanzar satisfacción en todas las áreas de concentración y funciones de su vida.

¡Sigamos avanzando!

Paso #3

¿Cuáles Son sus Resultados y Metas Ideales?

Luego de identificar sus áreas de mayor concentración y valores, usted está listo para establecer algunas metas poderosas y sólidas que lo motivarán a superar cualquier obstáculo en su camino a la grandeza financiera. Éste es el paso donde comienza la mayoría de la gente. Deciden, "Quiero ahorrar para la educación de mi hijo," o "Quiero jubilarme a los cincuenta y cinco años," o "Quiero mudarme a una casa más grande el año que viene." Esas son metas muy importantes. Sin embargo, no están vinculadas con los *por qués* que realmente motivan a estas personas: su visión, concentración en su vida, funciones y valores. Cuando usted vincula una meta a un área, función y valor específicos que son importantes para usted, entonces es mucho más probable que persevere cuando el camino se haga difícil.

Conocer las áreas de concentración de su vida, funciones y valores también le ayudará a establecer metas que representen lo que usted verdaderamente quiere, no lo que usted piensa que debe querer. ¿Recuerda la historia de Juan en la página 136? Él pensaba que lo que quería era planificar para la educación de sus hijos. Pero lo que en realidad quería era darles una experiencia que ellos recordaran toda la vida. La meta que lo entusiasmaba a él era comprar un velero para poder compartir el amor que sentía por el mar con sus hijos. Yo le pude ayudar a organizar sus finanzas de manera que pudo hacer ambas cosas: comprar un velero para llevar a sus hijos a navegar y también ahorrar dinero para su educación universitaria.

Es posible que la meta que usted cree que quiere alcanzar no le dé los sentimientos y resultados que realmente desea. La cantidad de dinero que tenemos a nuestra disposición es limitada, por lo que es mejor usarlo como palanca basándonos en lo que es más importante, teniendo en cuenta las áreas de concentración y funciones de nuestra vida. Para mostrarle lo que quiero decir, déjeme que comparta con usted algunas conversaciones típicas que tengo con mis clientes.

Situación #1

PABLO: Hola Louis, mi esposa y yo vinimos a verlo porque queremos empezar a ahorrar para la educación universitaria de nuestro hijo.

LOUIS: ¿Qué edad tiene su hijo?

PABLO: Tiene dieciséis años. Ya sé que tendríamos que haber empezado antes, pero simplemente no teníamos el dinero.

Usted es el tercer planificador que vemos y estamos muy confundidos. Un planificador nos recomendó poner dinero en un plan de Sección 529. Otro planificador nos recomendó que usáramos una cuenta de ahorro para educación. ¿Qué nos sugiere usted?

LOUIS: Lo que les sugiero es que no pensemos en ningún tipo de inversión o programas de ahorro en este momento. Veamos qué es realmente importante para su hijo. Permítanme hacerle algunas preguntas. ¿Cuál es promedio de las calificaciones de su hijo?

PABLO: Su promedio es C.

LOUIS: En una escala de 1 a 10, el 1 representando lo más bajo y el 10 lo más alto, ¿dónde diría que se encuentra su hijo en cuanto a su autoestima?

PABLO: Tal vez un 5.

LOUIS: A esta altura, probablemente ya ha tomado un examen preuniversitario. ¿Cuál fue su calificación?

PABLO: No le fue muy bien.

LOUIS: Vea Pablo, con lo importante que es tener dinero ahorrado para la universidad, es más importante que su hijo tenga éxito en las áreas críticas que determinan el éxito a nivel universitario. Si su hijo no tiene buenas calificaciones, su autoestima es baja y no le va bien en los exámenes preuniversitarios; aunque usted ahorrara un millión de dólares en los próximos dos años, nada le podría garantizar que su hijo entre a una buena universidad y tenga éxito.

PABLO: Desde ese punto de vista, tiene razón usted.

LOUIS: Entonces, ¿qué es lo que ustedes realmente quieren para su hijo?

PABLO: Queremos verlo feliz, que tenga una educación y que

alcance el éxito. Queremos que un día pueda ser independiente, que no necesite nuestra ayuda, usted sabe, cuando ya no estemos.

LOUIS: Bueno, como me dicen que en la escuela le está yendo bien, pero no muy bien, ¿qué tal si toman un poco de ese dinero que estaban pensando ahorrar para la universidad y lo usan para contratar un maestro particular, lo matriculan en algunos cursos o seminarios para fomentar su autoestima y también en un curso preparatorio para tomar el SAT? Estoy seguro de que será dinero bien gastado y aumentará muchísimo la probabilidad de que su hijo pueda entrar y graduarse de la universidad.

¿Ve usted lo importante que es saber qué es lo que se quiere realmente antes de comenzar a establecer metas? Esta familia iba a ayudar mucho más a su hijo invirtiendo ahora en su educación mediante cursos preparatorios, que ahorrando dinero para una educación universitaria que el hijo tal vez nunca llegaría aprovechar si no obtenía ayuda de inmediato.

Veamos otra conversación diferente: planificación para jubilarse.

Situación #2

SARA: Hola Louis. Vinimos porque mi esposo y yo decidimos que necesitamos empezar a ahorrar para nuestra jubilación. Hemos estado muy ocupados con nuestra vida durante los últimos años. Con los dos trabajando constantemente y criando a nuestros hijos, no teníamos idea de lo rápido que estaba pasando el tiempo. Estamos casi al final de los cuarenta y ni siquiera hemos empezado a ahorrar para la jubilación. Necesitamos su ayuda.

Louis: Muy bien. Primero, me gustaría hacerle algunas preguntas. Díganme qué es importante para ustedes en su vida.

Sara: Nuestros hijos lo son todo para nosotros. Hemos vivido para ellos. Pero pensamos que es hora de que comencemos a pensar en nosotros.

Louis: Maravilloso. Entonces, háblenme de ustedes, de su matrimonio. En una escala de 1 a 10, el 1 siendo lo menos importante y el 10 lo más importante, ¿qué importancia tiene su matrimonio para ustedes?

Sara: Es obvio, es un 10.

Louis: Veamos, en esa misma escala de 1 a 10, ¿cómo clasificarían su matrimonio en este momento? ¿Es un 10? Digan la verdad.

Sara: Bueno, tal vez un 5.

Louis: ¿Dónde, en esa escala, empezarían a pensar en el divorcio?

Sara: Un 2.

Louis: Están en 5 ahora, y un 2 significaría divorcio... ¿No hay mucha distancia, verdad? Saben, las parejas nunca quieren pensar en el divorcio, sin embargo, en la actualidad, seis de cada diez parejas se divorcian. Mi temor es que si ustedes empiezan a poner dinero a un lado para el futuro, antes de concentrarse en su situación actual, podrían estar ahorrando el dinero para dárselo a un abogado de divorcios y no para su futuro.

Sara: Nunca lo había pensado de esa manera. No quiero que nos tengamos que divorciar.

Louis: ¿Qué tendría que pasar para que su matrimonio volviera a ser un 9 o un 10?

SARA: Tenemos que volver a conectarnos. Nos hemos concentrado tanto en los hijos que creo que ya no nos conocemos. Necesitamos pasar más tiempo juntos. Necesitamos aprender a comunicarnos mejor.

LOUIS: Fantástico. Vamos a trabajar en su jubilación, pero primero concentrémonos en cómo podemos usar algunos de esos ahorros que piensan usar para su jubilación e invertirlos para hacer que su matrimonio sea un 9 o un 10.

En el caso de esta pareja en particular, ellos decidieron asignar una cierta cantidad cada mes para gastar en el enriquecimiento de su matrimonio. Tomaron cursos juntos, salían los dos solos de paseo los fines de semana, hasta tomaron clases de baile para poder tener algo que les gustara a los dos y pudieran hacer sin sus hijos. Su matrimonio es mucho más fuerte porque ellos están planeando no sólo un gran futuro juntos sino que también están disfrutando del presente.

El último ejemplo es un caso que pocos de nosotros consideramos cuando se trata de planificación financiera, y que sin embargo puede ser el más importante si queremos tener un futuro sobre el cual hacer planes: ocuparse de la salud.

Situación #3

MIGUEL: Hola Louis. Gracias por recibirnos.

LOUIS: Es un placer. ¿En qué los puedo ayudar?

MIGUEL: Mi esposa y yo estamos aquí porque tuvimos un susto grande hace poco. Tuve un ataque al corazón y me di cuenta de que si me hubiera muerto, mi esposa no habría estado preparada económicamente. No tenemos ahorros, muy poco seguro y ningún plan de sucesión. Mi negocio depende de mí, y sería muy difícil que mi esposa se hiciera cargo de él; especialmente debido a que nuestros dos hijos están todavía en la escuela primaria.

LOUIS: ¿Qué le dijo el médico sobre el ataque al corazón?

MIGUEL: Me dijo que mi negocio me había creado demasiado estrés. No he podido hacer ejercicio desde que empecé el negocio hace tres años porque no me queda tiempo. También aumenté treinta libras en los últimos tres años.

LOUIS: Dígame, en una escala de 1 a 10, el 1 para lo que no es importante y el 10 para lo que es más importante, ¿es importante para usted su salud?

MIGUEL: ¿Está bromeando? Es un 11. Es que no he tenido nada de tiempo. Pero ahora sé que tengo que hacer el tiempo.

LOUIS: Entonces, en esa escala de 1 a 10, ¿dónde ha estado su salud hasta ahora?

MIGUEL: Probablemente un 2. Es que parece que siempre hay una emergencia en la oficina que es más importante.

LOUIS: ¿Está usted de acuerdo conmigo en que si usted no se ocupa de su salud tal vez no tenga un futuro? ¿Está de acuerdo en que ninguna cantidad de ahorros podrá reemplazarlo para su familia? ¿Está de acuerdo en que usted tiene que hacer algunos cambios, aun si es difícil?

MIGUEL: Me imagino que no tengo otra alternativa.

LOUIS: Miguel, le voy a ayudar a establecer un plan financiero que le dará a su familia la seguridad que usted quiere. ¿Pero por qué no concentramos algunos ahorros para ayudarle a recuperar su salud? Le podría sugerir contratar a un entrenador privado para que usted se ponga nuevamente en forma, y quizás a un nutricionista para cambiar sus hábitos alimenticios. Si su salud es un 11 en una escala de 10, entonces usted tiene que hacerla una prioridad ya mismo. ¿No está de acuerdo?

MIGUEL: Tiene razón. Gracias.

LOUIS: De nada. Vamos a incluir un renglón en su presupuesto para su entrenador privado.

Para crear grandes metas de vida, usted debe identificar los resultados ideales que satisfagan sus más importantes áreas de concentración, funciones y valores. Por ejemplo, como profesional para quien el éxito es uno de sus valores más importantes, ¿qué resultados o metas necesita alcanzar para sentirse exitoso en su profesión? (Ésta es una pregunta muy diferente de "¿Qué debo lograr en mi trabajo?") En su función de cónyuge, en el área de relaciones, ¿qué resultados o metas le ayudarán a alcanzar el valor de una relación estrecha? O, como padre, ¿qué resultados le ayudarán a comunicar el amor (un valor) a sus niños?

Tal vez termine con varios resultados para las diferentes áreas, funciones y valores de su vida. Eso es normal. Podemos tener muchos resultados en nuestro trabajo, por ejemplo, o diferentes resultados en el área de la salud. Si tiene más de un resultado en algún área, necesita decidir cuáles tienen prioridad: póngalos en orden, con el resultado más importante primero. La vida, de por sí, hace que sea muy fácil que las metas y resultados se queden a la vera del camino. Pero hay algunas metas que son absolutamente de vital importancia en el camino a la grandeza financiera. Esas son las metas que debe escribir primero.

Claridad y especificidad son las claves cuando se trata de crear sus metas. La claridad tiene un tremendo poder de motivación para ayudar a alcanzar los sueños. Cuanto más claro y específico sea sobre lo que quiere, más fácil le será alcanzarlo. Hágase preguntas como, "¿Cómo será esta meta cuando la haya alcanzado?" "¿Para cuándo debo haberla alcanzado?" "¿Es realista esta meta?" (Si usted mide cinco pies con dos pulgadas y sueña con jugar para la NBA, tenemos que hablar.)

Después, debe entusiasmarse. Nuestra mente y fuerza de voluntad sólo nos pueden impulsar hasta un cierto punto cuando se trata de hacer el trabajo necesario para lograr cualquier cosa. Para esa motivación adicional, no hay nada mejor que poner todo su entusiasmo en alcanzar sus sueños. Pregúntese, "¿Me sentiré fabuloso cuando haya alcanzado esta meta en mi vida?" "¿Me sentiré miserable si no logro esto?" "¿Quién seré cuando esta meta sea parte de mi vida?" Cuando usted use el poder de sus emociones junto con la fuerza de su mente y de su voluntad, será imparable. Sus metas estarán practicamente al alcance de su mano.

Las últimas preguntas tratan de la importancia de esta meta en su vida. ¿Es esta meta un "tengo que," un "debo" o simplemente un "sería maravilloso"? Pregúntese, "En una escala de 1 a 10, ¿qué importancia tiene esta meta para mí?" Pues bien, tal vez encuentre que la meta no tiene una clasificación de 10 basándose en su experiencia pasada. Tal como en las conversaciones que di como ejemplos antes, ¿tenía el matrimonio de la segunda pareja una prioridad de 10? ¿Y la salud de Miguel en la tercera conversación? Pero, ¿qué prioridad *tenían que tener* esas metas para mis clientes para que pudieran sentirse realizados? Un nivel de 10, o más alto. Por lo que, después de que usted sepa qué prioridad tiene o ha tenido esa meta, pregúntese, "¿Qué prioridad *tiene que tener* esta meta para que yo me sienta realizado?" Puede preguntarse después, "Si alcanzara esta meta, ¿cuál sería el impacto que tendría en mi vida?"

Para que las metas que establezca sean más que una fantasía, usted debe poner tiempo, energía y pensamiento para crear metas con significado. Y eso significa que tiene que pensar en su vida. Pero, como mi papá siempre me decía, pensar es un trabajo duro, por eso es que tan poca gente lo hace. Sin embargo, cuando usted pone a trabajar su mente, cuando usted sabe cuáles son sus áreas, funciones y valores, cuando crea metas basándose en esas áreas y puede contestar "10" a las dos últimas preguntas, entonces yo le garantizo que tendrá suficiente poder para superar cualquier obstáculo. ¡Tendrá lo que yo llamo, financieramente hablando, grandes metas!

Las metas a este nivel crean un deseo ardiente para alcanzarlas. Arden de una llama interna que no se apaga con una lluvia inesperada. Las metas que son 10 vienen de adentro, de sus propias necesidades, deseos y sueños. Si usted no se toma el tiempo para conocerse por dentro, no tendrá con que realizar sus proyectos.

Paso 3: ¿Cuáles Son sus Resultados y Metas Ideales?

Para cada función en cada área de concentración de la vida, conteste las siguientes preguntas. Escriba las respuestas en una hoja de papel o en su cuaderno. Asegúrese de escribir las metas para cada área de concentración y cada función, y de que las metas estén relacionadas con los valores que usted asocia con cada una de ellas. Por ejemplo, si usted tiene un área de concentración de finanzas con una función de inversionista, y su valor es libertad, ¿qué meta puede crear que le permita ser un inversionista que está avanzando hacia un sentimiento de libertad?

Determine sus Resultados y Metas Ideales

▶ *¿Qué metas debe tener esta área/función para que usted sienta el valor?*
En el área de la salud y la función de atleta, la pregunta podría ser, "Para mi salud (área de concentración de la vida), ¿qué metas debo tener como atleta (función) para sentirme en forma (el valor)?" Asegúrese de que sus metas sean muy claras y alcanzables. "Estar más cerca de mi esposa" no es clara; "Llevar a mi esposa a una segunda luna de miel" es mucho más alcanzable.

▶ *¿Qué quiero decir específicamente con este resultado/meta?*
Escriba con detalles, con tanta claridad y visión como pueda, cómo será su meta cuando la haya alcanzado. Luego de escribir su meta, pregúntese cómo podría hacerla más específica.

▶ *¿Qué plazo tengo para lograr esto?*
Con frecuencia se dice que una meta sin un plazo es sólo un sueño. Establezca un período de tiempo realista para lograr esta meta en particular.

▶ *¿Es esta meta realista y está dentro de mi control?*
Si usted mide cinco pies con dos pulgadas, podría ser un gran atleta, pero probablemente no podría ser el centro de Los Ángeles Lakers. Asegúrese de que su meta

sea realista y esté dentro de su control. No puede hacer planes para ganar millones en la lotería, pero puede hacer planes para ahorrar dinero para tener millones cuando se jubile (siempre y cuando comience cuando es joven).

▶ *¿Cómo me voy a sentir cuando alcance esta meta? ¿Me sentiré fantástico?*

Escriba todas las emociones que va a sentir. ¿Saltaría de la alegría y gritaría tan fuerte como pudiera? ¿Haría algo especial para celebrar? Cuanta más emoción ponga en llegar a esta meta, más probabilidades tendrá de alcanzarla.

▶ *¿Cómo me voy a sentir si no alcanzo mi meta? ¿Será muy doloroso?*

¿Sentiría remordimiento? ¿Sería infeliz? ¿Sentiría gran tristeza? Si no cree que se sentiría mal, tal vez la meta no sea tan importante. Trate de sentirse tan mal como se sentiría si no alcanzara esta meta en particular.

▶ *Cuando alcance esta meta, ¿en qué me convertiré? ¿Qué clase de persona seré cuando llegue a esta importante meta?*

¿Será más inteligente, más feliz, más bondadoso, más exitoso, más cariñoso? Conozco muchas personas que alcanzaron el éxito financiero y sin embargo nunca llegaron a la grandeza financiera porque se convirtieron en lo opuesto de lo que acabo de mencionar. Recuerde poner tanta emoción como pueda en sus respuestas. Asegúrese de que incluyan los sentimientos que usted escribió debajo de sus valores para esta función.

Después de haber escrito sus metas, necesita elegir en cuáles quiere empezar a trabajar. Su próximo paso es poner sus metas en orden de importancia. Hágase las siguientes preguntas y, basándose en sus respuestas, vuelva a escribir su lista de metas en orden, la meta más importante primero.

Orden de Importancia de Mis Metas

▶ *En una escala de 1 a 10, ¿qué importancia tiene para mí esta meta?*

Sea sincero. Lo peor que puede hacer en este punto del proceso es tratar de presentar una buena imagen de usted mismo.

► *En una escala de 1 a 10, ¿qué importancia debe tener esta meta para mí para que me sienta realizado y completo en mi vida?*

Observe las áreas de concentración, funciones y valores de su vida. Éstas le darán una idea muy clara de la importancia que debe dar a esa meta.

► *Si fuera a trabajar en esta meta, en una escala de 1 a 10, ¿qué importancia tendría para mi vida alcanzar esta meta?*

Si su respuesta a esta pregunta es cualquier número excepto 10, tiene dos opciones. Primero, puede mover la meta más abajo en su lista. Segundo, puede escribir todas las formas en las que esta meta afectaría su vida en forma positiva. Cuando uno sabe que "algo es bueno para uno mismo," a veces es difícil decir por qué es bueno. Sin embargo, esas emociones y pensamientos son los que nos impiden perseverar en nuestras metas cuando el camino se hace difícil. Éste es el momento para entusiasmarse sobre sus metas, para poder continuar su camino a la grandeza financiera.

¡Felicitaciones! Ahora tiene una lista clara de metas y resultados poderosos para todas las diferentes áreas de su vida. Tiene que poner estas metas en orden de prioridad y espero que se sienta entusiasmado para empezar a trabajar en ellas. Pero antes de hacer eso, necesita tener en claro el punto del cual está empezando. Ese es nuestro siguiente paso. ¡Continúe leyendo!

Paso #4

¿Cuál es su Punto de Partida?

Ahora que verdaderamente sabe lo que quiere, por qué lo quiere y qué propósito está sirviendo, usted necesita saber de dónde está comenzando. ¿Le ha pedido alguien alguna vez direcciones para ir a su casa u oficina? ¿No necesita saber de dónde vienen para darles la mejor ruta posible? En esencia les está preguntando cuál es su punto de partida. Es lo mismo cuando se trata de su camino a la grandeza financiera. Si usted quiere direcciones para llegar allí, necesita saber de dónde parte. Necesita escribir dónde se encuentra usted ahora y compararlo con dónde usted quiere estar. La distancia entre su punto de partida y su destino final, que es la grandeza financiera, es la "laguna" que el camino está diseñado para cruzar.

Determinar su punto de partida es algo que los planificadores financieros (como yo) deben ayudarle a hacer. Para crear un plan sólido, necesitamos saber cuáles son sus activos y pasivos actuales, cuál es su ingreso actual y si usted es dueño o no de su casa o negocio, cuántos hijos tiene y cosas por estilo. Todos estos números ayudan a determinar su punto de partida financiero. Sin embargo, como ya se habrá dado cuenta, el camino a la grandeza financiera no está limitado a asuntos de finanzas; se trata de vivir una gran vida en cada una de las áreas y funciones que son importantes para usted.

Es por esta razón que este paso comienza con su propia y sincera evaluación de dónde se encuentra su vida en este momento. Para cada una de las áreas de concentración y funciones de su vida, usted debe preguntarse, "En una escala de 1 a 10, ¿dónde me encuentro en esta área o función en particular?" ¿Recuerda a los clientes de los que hablé en la página 150? El hijo de Pablo tenía aproximadamente un 5 en autoestima. La salud de Miguel era tan importante para él que la clasificó como un 11, y sin embargo se dio cuenta de que hasta ese momento había sido un 2. Todos estos números les dieron a mis clientes una idea de dónde estaban comenzando su camino a la grandeza financiera.

Y sí, para determinar cuál es su punto de partida, usted necesita tener una visión clara de dónde se encuentra financieramente, cuáles son sus activos y pasivos, sus gastos mensuales, valor neto, inversiones, pólizas de seguro, etc. El formulario al final de este capítulo le puede ayudar a compilar esos números o puede consultar a un planificador financiero.

Muy bien, tal vez esté diciendo, "¡Pero Louis, yo no soy bueno con los números!" No tiene que serlo. Pero sí tiene que ser lo suficientemente inteligente para consultar a alguien que lo sea, porque este paso es absolutamente crítico. Hay un antiguo dicho

chino, "Un viaje de mil millas comienza con el primer paso." Yo
siempre añado, "Y dar ese primer paso con el pie correcto deter-
minará con qué rapidez y comodidad se hará ese viaje."

Conocer su punto de partida y su destino no sólo es importante, sino necesario. ¿Cómo puede llegar a un destino si no sabe
adónde va? De otra parte, ¿cómo puede llegar allí si no sabe de
dónde parte? Nadie le puede dar direcciones o guiarle sin conocer su punto de partida. Y si usted comienza el viaje sin una idea
clara de su punto de partida, puede ser que llegue a su meta por
accidente o suerte, pero las probabilidades de llegar son muy
pocas. Por otro lado, cuando usted sabe exactamente de dónde
parte y adónde quiere llegar, puede planear su ruta entre estos
dos puntos con relativa facilidad. Seguro, puede haber muchas
rutas diferentes que lo lleven allí, pero ¡al menos usted tiene una
idea de cómo llegar del punto A (su punto de partida) al punto B
(la grandeza financiera)!

Paso 4: ¿Cuál Es su Punto de Partida?

Para cada función de cada área de concentración de su vida, conteste las siguientes preguntas. Escriba las respuestas en una hoja de papel o en su cuaderno, preferiblemente junto al área de concentración y función apropiadas.

Determine su Punto de Partida

▶ *En una escala de 1 a 10, ¿dónde me encuentro en esta área o función particular?*

Recuerde, éste no es el lugar donde usted quiere estar, sino el punto donde se encuentra en este momento. Sea sincero, pero al mismo tiempo, no sea duro con usted mismo si no se encuentra donde quiere estar. Esta pregunta es simplemente para ayudarle a descubrir dónde empieza su camino a la grandeza financiera. Si usted quisiera ir a Nueva York, por ejemplo, no se juzgaría a sí mismo según el origen de su viaje ya sea éste, Los Ángeles, San Antonio, Miami o Chicago, ¿verdad? Pero todavía sería importante saber de qué ciudad viene para poder viajar en la dirección correcta.

▶ *¿Qué activos tengo en esta área/función particular?*

Parte de determinar su punto de partida es darse cuenta de sus puntos fuertes que le ayudarán en el camino. Para cada área de concentración y función de su vida, haga una lista de sus puntos fuertes. ¿Tiene en realidad una gran relación con sus niños? ¿Lo considera a su cónyuge un buen proveedor, o un compañero excelente? ¿Se comunica bien en el trabajo o en las ventas? ¿Es usted una persona atenta a los detalles o un excelente planificador? Escriba todas las características, relaciones, dones o ventajas que usted ya tenga y que considera útiles en su camino. (Vamos a hablar más de esto en el Paso #6.)

▶ *¿Con qué pasivos debo lidiar?*

¿Tiene usted algunas características o problemas que pueden cruzarse en su camino? En el área de la salud, por ejemplo, ¿tiene alguna limitación física que podría impedirle hacer ejercicios regulares? En el trabajo, ¿ha tenido en el pasado problemas con su jefe o con compañeros que puedan afectar sus esfuerzos futuros? (Vamos a hablar más sobre esto en el Paso #5.) Reitero, no use esto como una excusa para criticarse duramente. Sea sincero, pero realista. No hay obstáculos que usted no pueda superar con suficiente tiempo, esfuerzo y voluntad.

Determine su Punto de Partida Financiero

En el área de las finanzas, determinar su punto de partida es a la vez más fácil y más complicado. Más fácil porque todo se reduce a números que se pueden medir muy fácilmente. (En cuanto a un matrimonio, por ejemplo, es frecuentemente mucho más difícil clasificar con números. Lo que usted puede considerar un 5, su cónyuge puede pensar que es un 2 o un 7.) Más complicado porque mucha gente piensa que los números son complicados y difíciles. En realidad, estos números se basarán en cosas que usted debe poder entender sin un gran esfuerzo.

Su punto de partida financiero se reduce a cuatro números o cifras: (1) sus activos; (2) sus pasivos; (3) sus ingresos; y (4) sus gastos mensuales.

Activos

Esta cifra incluye todo lo que es de su propiedad y que tiene un valor en efectivo, ya sea ahora o en el futuro. Voy a hacer una lista con varios tipos de activos. Si usted tiene esa clase particular de activo, escriba qué es y cuánto vale. Esto va a incluir su casa (si usted es dueño de ella) y automóvil (lo mismo). Ponga el valor corriente de cada activo, aun si no piensa venderlo. (Probablemente usted no vendería su casa a menos que se mudara a otro lugar, por ejemplo; pero para la mayoría de nosotros nuestra casa es uno de nuestros activos financieros más grandes.) Además, no deduzca ninguna hipoteca o préstamo del valor de su casa o automóvil. Esas cifras van bajo "pasivos."

Puede ser que usted tenga también un seguro de vida para usted o su esposa. Algunas pólizas (especialmente las pólizas de vida completas) tienen un valor en efectivo. Con seguros de vida que tienen un valor en efectivo, usted hace un pago mensual. Ese dinero paga por el seguro y cualquier gasto administrativo que la compañía aseguradora cobre, y el resto puede ser invertido por la compañía de seguros ya sea en inversiones fijas o de renta variable, dependiendo del tipo de póliza.

Como propietario de la póliza, usted puede cancelarla, retirar el dinero que ha invertido (los pagos mensuales menos el seguro y los costos administrativos) y usar el dinero para una emergencia. Mucha gente saca un seguro de vida durante los años que producen ingresos y luego usa el valor efectivo de la póliza para aumentar sus ingresos una vez que se ha jubilado. Es posible que tenga que pagar un cargo dependiendo de cuándo y cómo usted cancela la póliza y retira el dinero, pero el beneficio de muerte de un seguro de vida no debe ser considerado un activo.

ACTIVOS ACTUALES

Activos	Cantidad/Valor ($)
Efectivo	
Cuentas de ahorro	
Cuentas de fondos de dinero	
Certificados de depósito	
Fondos de inversión (renta variable o bono)	
Acciones personales	
Bonos	
Otros valores	
Efectos a cobrar (contratos de compromiso secundario)	
Opciones para compra de acciones	
Anualidades de impuestos diferidos (No limitados)	
Cuentas individuales de jubilación (IRAs)	
Roth IRAs	
Planes de pensión:	
401(k)	
403(b) TSAs	
Plan 457	
SEP	
SIMPLE	
Participación en beneficios (con derechos adquiridos)	
Otras pensiones	
Seguro de vida con valor efectivo	
Sociedad de responsabilidad limitada	
Residencia personal	
Segunda residencia (casa de vacaciones)	
Inversiones en propiedades:	
Propiedad 1	

Activos	Cantidad/Valor ($)
Propiedad 2	
Propiedad 3	
Automóvil	
Automóvil	
Bote/Vehículo de recreación	
Negocio	
Joyas	
Metales preciosos	
Antigüedades	
Colecciones	
Otra propiedad personal valiosa	
Otros	
Total de activos	

¿Pasivos?

Los pasivos son todas las deudas que tiene actualmente. Esto debe incluir la hipoteca de su casa u otros bienes raíces (cuánto le falta por pagar); préstamos para vehículos (lo mismo); deudas en tarjetas de crédito; otros préstamos, ya sean personales o de negocios (incluyen préstamos estudiantiles si los está pagando ahora), etc. Esta categoría es diferente de sus gastos mensuales, de los que hará una lista en la última gráfica.

PASIVOS ACTUALES

Pasivos	Cantidad ($)	Tasa de interés (%)
Hipotecas sobre su casa (cantidad actual que falta pagar)		
Hipotecas sobre otros bienes raíces		
Préstamos para vehículos (cantidad que falta pagar)		
Deudas de tarjetas de crédito		
Préstamos estudiantiles		
Otros préstamos personales		
Total de pasivos		

¿Ingresos Mensuales?

Para determinar su punto de partida, necesita saber cuánto ingreso tiene cada mes. Para la mayoría de nosotros, esto es simple; recibimos un cheque mensual o semanal y podemos calcular nuestros ingresos basándonos en eso. Sin embargo, si usted tiene ingresos de otras fuentes aparte de su trabajo, es necesario que incluya esos ingresos en su total mensual.

Escriba en la lista lo que usted recibe antes de los impuestos, ingresos, propiedad, etc. Los impuestos aparecerán en la lista de gastos mensuales.

INGRESOS ACTUALES POR MES (ANTES DE IMPUESTOS)

Fuentes de ingresos	Cantidad por mes ($)
Sus ingresos de empleos o negocios (antes de impuestos)	
Ingresos del cónyuge de empleos o negocios (antes de impuestos)	
Ingresos del alquiler de propiedades	
Ingresos de pensiones	
Ingresos del Seguro Social u otros estipendios del gobierno	
Ingresos de dividendos, consorcios, anualidades, pólizas de seguro, etc.	
Otros (cualquier ingreso no incluido en la lista de arriba)	
Total de ingresos por mes	

Gastos Mensuales

La cantidad que usted gasta cada mes para vivir es un factor importante al determinar su punto de partida en el camino a la grandeza financiera. Si está gastando más de lo que está ganando ¡es obvio que no va a llegar a ningún lado! Tener un panorama claro de adónde va su dinero es uno de los pasos más importantes para empezar su camino. Muchos de nosotros no nos damos cuenta de cuánto dinero estamos gastando por mes, por lo que nos sorprendemos cuando vemos que no podemos progresar económicamente. Por otro lado, usted puede tener una idea muy clara de cuánto gasta pero quiere saber cómo puede cubrir esos gastos y todavía tener dinero para el futuro.

Si no está seguro de cuánto gasta en cada una de estas categorías, mantenga un registro de sus gastos por un mes. Probablemente se sorprenderá de cuánto gasta en algunas categorías.

GASTOS MENSUALES

Categoría de gastos	Cantidad mensual
Hogar	
Alquiler/Hipoteca	
Hipoteca (Segunda o de renta variable)	
Otros préstamos sobre residencias	
Cuotas de asociaciones	
Seguro de vivienda (de inquilinos)	
Impuestos a la propiedad	
Mantenimiento	
Jardinero	
Ayuda doméstica	
Productos para la casa	
Muebles/Instalaciones	
Decoraciones para la casa/fiestas	
Total de gastos de la casa	Total $
Servicios	
Electricidad	
Agua	
Gas	
Deshechos (basura)	
Teléfono	
Segunda línea telefónica (Internet)	
Teléfono celular/anunciador de llamadas	
Total de gastos de servicios	Total $
Automóvil	
Préstamo/alquiler de automóvil	
Seguro de automóvil	
Aranceles para registrar automóvil	
Gasolina	
Mantenimiento/reparación de automóvil	
Estacionamiento	
Transporte público	
Total de gastos de automóvil	Total $

Categoría de gastos	Cantidad mensual
Niños	
Manutención de niños (establecida por tribunal)	
Cuidado del niño/niñera	
Ropa del niño	
Gastos de educación/eventos	
Matrícula de escuela	
Actividades fuera de currículo/maestros particulares	
Fondos para educación universitaria	
Total de gastos para niños	
Total $	
Comida	
Alimentos	
Desayunos en restaurante	
Almuerzos en restaurante	
Cenas en restaurante	
Cafés/batidos/etc.	
Total de gastos de comida	Total $
Ropa	
Ropa de trabajo	
Ropas de uso diario/misceláneos	
Zapatos/accesorios	
Tintorería	
Total de gastos de ropa	Total $
Viaje	
Vacaciones	
Viajes de un día/fin de semana	
Total de gastos de viajes	Total $
Entretenimiento	
TV por cable/películas/alquiler de películas	
Conciertos/eventos deportivos	
Libros/revistas/periódicos	
Música/CDs	
Pasatiempos	
Total de gastos de entretenimiento	Total $
Personal	
Seguro de vida	
Seguro de incapacidad	

Categoría de gastos	Cantidad mensual
Educación	
Tecnología	
Franqueo postal	
Cargos por servicios bancarios/aranceles	
Cuota de gimnasio/equipo deportivo	
Cuidado personal (cabello/uñas, etc.)	
Invitaciones/fiestas	
Total de gastos personales	Total $
Salud	
Seguro médico	
Seguro dental	
Seguro de cuidados de largo plazo	
Médico/dentista/optometrista	
Quiropráctico/terapista/etc.	
Lentes/lentes de contacto	
Recetas	
Deducibles de seguros	
Total de gastos de salud	Total $
Regalos	
Cumpleaños	
Navidad	
Aniversarios/ocasiones especiales	
Total de gastos de regalos	Total $
Mascotas	
Comida para mascotas	
Veterinario	
Misceláneos para mascotas	
Total de gastos de mascotas	Total $
Ahorros	
Jubilación (limitada)	
Jubilación (ilimitada)	
Ahorros actuales/inversiones	
Total de gastos de ahorros	Total $
Caridad	
Iglesia	
Organizaciones sin fines de lucro	
Otros	
Total de gastos de caridad	Total $

Categoría de gastos	Cantidad mensual
Préstamos personales	
Tarjeta de crédito: Visa	
Tarjeta de crédito: MasterCard	
Tarjeta de crédito: AmEx	
Tarjeta de crédito: Tiendas	
Tarjeta de crédito: Otras	
Préstamos estudiantiles	
Otros préstamos	
Total de gastos para préstamos	Total $
Pagos a profesionales	
Contador	
Abogado	
Asesor financiero	
Otros asesores	
Total de gastos en pagos a profesionales	Total $
Impuestos	
Federal	
Estatal	
SDI	
FICA	
Medicare	
Total de gastos de impuestos	Total $
Misceláneos	
Manutención económica de ex cónyuge	
Dinero para salir	
Gastos de representación no reembolsados	
Cuotas de sindicatos/aranceles	
Varios	
Saldos negativos en alquiler de propiedades	
Total de gastos	

Consejos

1. Cuando un gasto es anual, divida por doce e ingrese la cifra resultante.
2. Si no sabe la cantidad, escriba una cantidad razonable.
3. Revise su registro de cheques para determinar gastos.

Ahora tiene un panorama de su punto de partida personal, no sólo financiero, sino también de dónde comienza en cada área de mayor concentración y funciones de su vida. Ahora está listo para planear su ruta a la grandeza financiera. Pero, ¿alguna vez ha conducido en una carretera a la hora de mayor tráfico y escuchado los informes del tráfico de la radio? Los informes del tráfico le dicen dónde hay un accidente o dónde hay gente en obra, o cualquier otro tipo de demora en el camino, para que usted pueda (1) darse tiempo adicional para llegar adonde va, o (2) tomar una ruta diferente hasta su destino. De la misma manera, en el camino a la grandeza financiera, probablemente encuentre ciertos obstáculos. Es muy valioso saber cuáles pueden ser esos obstáculos para poder planear su viaje apropiadamente. ¡Dé vuelta la página y prepárese a tomar su siguiente paso!

Paso #5

¿Qué Obstáculos Pueden Aparecer en su Camino?

¿**H**a notado alguna vez que cuando las cosas están yendo bien, inevitablemente aparece algún obstáculo? Su carrera está avanzando y, de repente, un nuevo "genio" recibe el ascenso que usted pensaba era suyo. Su vida familiar es muy buena y un buen día descubre que hay otro bebé en camino, y tiene que estirar su presupuesto para cubrir los gastos adicionales. Usted pensaba que el dinero que tenía en su IRA estaba seguro, pero de pronto se entera de que tenía mucho dinero en acciones tecnológicas y que el valor de su cartera de inversiones había bajado 40 por ciento en un año. Estaba siguiendo su programa de ejercicios sin problemas y un día en el gimnasio siente un "crac" y se lastima un músculo de la espalda y no puede hacer ejercicios por un mes hasta que se recupere.

Estos obstáculos son los baches, retenes, desvíos, mal tiempo y otras emergencias no previstas que usted encontrará eventualmente en su camino a la grandeza financiera. Note que dije *encontrará*. La vida inevitablemente nos presenta obstáculos. Me imagino que fueron puestos allí con un propósito. Tal vez la vida no quiere que las cosas funcionen bien por demasiado tiempo, no sea que nos volvamos perezosos o nos ablandemos. Tal vez los obstáculos son las distracciones de la vida: aparecen y nos tientan para que saquemos los ojos de nuestras metas. Tal vez los obstáculos son la forma en que la vida nos pregunta, "¿Te es tan importante conseguir lo que buscas? ¿Estás dispuesto a hacer el esfuerzo aun cuando el camino sea duro?"

Los obstáculos vienen en muchas formas diferentes. Hay obstáculos internos y otros externos, obstáculos creados por las circunstancias y otros creados por nuestras propias creencias y emociones. Yo he encontrado una enorme gama de obstáculos, tanto en mi propia vida como en las conversaciones que he tenido con mis clientes. Como es importante que usted identifique a algunas de estas cosas como obstáculos, y como tal vez usted no haya considerado a algunas de estas cosas como obstáculos en el pasado, voy a hacer una lista de los diferentes desafíos que he visto en la vida de mis clientes y voy a darle una breve descripción de cómo estos obstáculos pueden aparecer en su vida. A medida que los lea, pregúntese, "¿Sentí esto alguna vez? ¿Es esto lo que me detuvo? ¿Me ha afectado ese obstáculo en particular?"

▶ **Miedo**

Éste es uno bien grande. El miedo nos detiene a todos en un momento u otro. Tenemos miedo de comenzar nuestro propio negocio. Tenemos miedo de invitar a salir a esa persona especial. Tenemos miedo de comprometer nuestro tiempo, dinero o recursos. El miedo puede ser una cosa buena cuando nos hace mirar antes de saltar. Sin embargo, a la mayoría de nosotros no nos deja ni siquiera mirar, mucho menos saltar. El miedo es como una cabina de peaje en el camino a la grandeza financiera. Tenemos que estar dispuestos a pagar el peaje, a (como dijo una vez un autor conocido) "sentir miedo pero actuar de todas maneras." Sobreponernos a nuestros miedos es la única manera de avanzar en el camino a nuestras metas.

▶ **Autocomplacencia**

Con frecuencia, nuestras propias creencias limitadoras, sobre nosotros y nuestras habilidades, sobre lo que es posible, hasta sobre lo que merecemos, son la razón por la que tenemos miedo. Cada una de las barreras que describí en la primera parte de este libro puede aparecer en nuestro camino a la grandeza financiera. Siempre que veo a clientes que simplemente no pueden avanzar en ciertas áreas de su vida, les pregunto, "¿Cuál es la barrera que lo está deteniendo?" Invariablemente, hay algo.

Aun cuando sus circunstancias no sean las mejores, su respuesta a estas circunstancias será lo que siempre hará la gran diferencia. Y la forma en que usted responda está totalmente basada en sus creencias.

▶ **Falta de Claridad**

Si usted no sabe lo que quiere, ¿cómo va a conseguirlo? Si usted no sabe adónde va, ¿cómo va a saber cuando llegue? Es por esto que la primera parte del proceso de planificación financiera se concentra completamente en crear claridad: sobre las áreas y funciones de su vida que son importantes para usted y las metas que usted quiere alcanzar en cada área o función. Las metas borrosas dan resultados borrosos. Todo el proceso de 10 pasos está diseñado para que usted tenga absolutamente claro qué es lo que quiere, por qué lo quiere, cómo planificar para alcanzarlo y cómo saber cuándo lo ha alcanzado.

▶ Falta de Tiempo

De esto es de lo que nos quejamos todos en el mundo moderno. ¿Existe un ser humano en el mundo industrial que no haya dicho en algún momento, "No tengo tiempo"? Pero, de alguna manera siempre hacemos tiempo para las cosas que son importantes. Comemos, dormimos, nos ocupamos de nuestros hijos y de la familia. Para la mayoría de nosotros, "la falta de tiempo" es sólo una excusa conveniente. Generalmente, no es falta de tiempo sino falta de prioridades o de motivación.

¿Recuerda que al comienzo de esta sección hablé de saber por qué usted hace algo? Si usted tiene una razón lo suficientemente fuerte y una serie de sentimientos hacia una meta, le garantizo que usted hará el tiempo para alcanzar la meta. Si alguna vez se oyó decir, "No tengo tiempo," vuelva a esa meta particular o área y vuelva a considerar por qué es importante para usted. Luego, comprométase a dedicar por lo menos cinco minutos por día a esa meta. Aun cinco minutos por día pueden hacer una gran diferencia, y no es difícil que cinco minutos por día se conviertan en diez, luego veinte, y luego el tiempo que le lleve convertir esa meta en una realidad.

▶ Falta de Dinero

Esto es una constante en todos mis clientes. Ellos simplemente no ven cómo podrían exprimir algo más del cheque que llevan a casa para ahorrar para la jubilación, la educación de sus hijos, para comprar una propiedad o aun para ahorrar para una vacación. ¿Pero cuántos de nosotros podríamos, si lo quisiéramos, ahorrar $1 por día sin notar realmente que ya no lo tenemos? ¿Cuántos de nosotros podríamos hacer lo mismo con $5 por día? Seguro, alguna gente está luchando para hacer que el presupuesto alcance. Pero si es importante, de alguna manera nos arreglamos para hallar el dinero, ¿verdad?

Como muchas de nuestras metas financieras son (1) muy grandes, y (2) forman parte de un futuro distante, o nos hacen sentir abrumados o no nos compenetramos en ellas lo suficiente, por lo que es menos probable que nos neguemos placeres pequeños e inmediatos a que ahorremos para nuestras metas a largo plazo. Pero, ¿qué es más importante, comprar un café en Starbucks o ahorrar para su jubilación? ¿Alquilar una película o DVD para entretenernos una noche o poner el dinero en el fondo de educación de su hijo? Todo se reduce a motivación y prioridades. Mantener la atención en esas metas distantes y pensar en lo bien que se va a sentir cuando vea a su hijo recibir su diploma universitario o cuando usted disfrute de una jubilación cómoda, le ayudará a posponer los pequeños placeres del presente por los más grandes placeres del futuro.

▶ Sentimientos Negativos Como los Celos y la Envidia

No nos gusta admitirlo, pero los sentimientos negativos son algunos de los obstáculos más grandes a los que nos podemos enfrentar al tratar de alcanzar nuestras metas. Los celos y la envidia son dos de los peores, y son producto de una de las características menos productivas de la humanidad: nuestra tendencia a compararnos con otra gente. Demasiados de nosotros vemos a los que han tenido éxito y decimos. "¿Por qué ellos y no yo? ¿Por qué se creen que son tan especiales?" En vez de reconocer a la gente más exitosa como guías a quienes podemos imitar en nuestro propio camino a la grandeza financiera, los volvemos retenes o distracciones.

Estos sentimientos negativos están estrechamente relacionados con las creencias sobre la escasez de las que hablé en la página 74. Sentimos celos y envidia principalmente porque pensamos que hay una cantidad limitada de algo para todos, y que si una persona tiene más, entonces nosotros vamos a tener menos. Pero nada está más lejos de la verdad. Usted puede elegir imitar a la gente de éxito o usted puede dejar que sus sentimientos negativos sobre el éxito de otros bloquee su avance, pero será mejor que se dé cuenta de que el único que será perjudicado por sus celos y envidia es usted. Una mejor opción sería ver a la gente de éxito como exploradores que abren caminos para que usted llegue a sus metas más rápidamente. ¡Agradézcales y vuelva a su camino!

► Cuestiones Relacionadas con la Salud

Si usted no se ocupa de su salud, es indudable que esto puede impedirle avanzar hacia sus metas. Pero no deje que la falta de salud se convierta en una excusa para no tomar ninguna acción. Hay muchos ejemplos de personas que tuvieron que sufrir horribles problemas de salud y lograron cosas increíbles. ¿Conoce la historia de Art Berg? A los veintiún años, cinco semanas antes de casarse, Art se rompió el cuello en un accidente automovilístico. Quedó cuadraplégico. Pero Art decidió que la vida de enfermo no era la clase de vida que él quería.

Art trabajó con tesón para llegar a ser un reconocido autor, orador, conferencista y maestro. Fue un atleta en silla de ruedas de primer nivel y estableció una marca mundial en 1993 cuando fue el primer cuadraplégico que completó el ultra maratón entre Salt Lake City y St. George, Utah: 325 millas en siete días demoledores. Art también se casó con su novia de la infancia y tienen tres hermosos niños.

Como Art dijo frecuentemente en sus discursos, "Lo difícil toma tiempo. Lo imposible toma sólo un poco más." La próxima vez que piense que alguna condición física le va a impedir alcanzar sus metas, piense en Art Berg y continúe avanzando hacia sus sueños.

► **Falta de Confianza en Uno Mismo o Falta de Autoestima**

Seguro, cuando recién empezamos algo nuevo siempre hay una tendencia a que nuestra confianza en nosotros mismos se sacuda un poco. Siempre les recomiendo a mis clientes que den pequeños pasos al principio y examinen cada manera en la que han tenido éxito. ¿Hizo un presupuesto? ¡Fantástico! ¿Ahorró $25 esta semana? ¡Extraordinario! ¿Fue al gimnasio tres veces en una semana? ¡Hurra! Los pequeños éxitos son los que nos dan la confianza para continuar en el camino a la grandeza financiera; reconocerlos y celebrarlos es lo que agrandará el "músculo" de nuestra confianza en nosotros mismos.

Pero una cuestión más profunda, la falta de autoestima, nos puede impedir tomar el primer paso hacia algo nuevo. Reitero, las pequeñas victorias pueden hacer toda la diferencia en elevar la autoestima. Yo les digo a mis clientes, "Miren, Dios no crea basura y Dios los hizo a ustedes. Si cada ser humano fue creado a imagen y semejanza de Dios, ¿quiénes son ustedes para no considerarse dignos?" Luego pregunto, "¿Qué es algo que hayan hecho que enriqueció la vida de alguien? ¿Quién los ama a ustedes? ¿Amaría esa persona a alguien que es una basura? Y si ustedes no han vivido de acuerdo a su potencial hasta ahora, ¿qué pueden hacer que haría de este mundo un mejor lugar, ya sea para ustedes o para alguien más? Todos nosotros estamos aquí por una razón. Tal vez no sepamos cuál es, pero yo creo que estamos aquí para contribuir de alguna manera al mundo. El simple hecho de estar vivos es una contribución. Si usted está vivo, está cumpliendo un propósito. Y si agrega a ese propósito la meta de alcanzar su máximo potencial y de contribuir tanto como pueda dar, su vida no puede ser sino magnífica.

► **Cónyuge, Familia o Amigos que No nos Apoyan**

Ninguno de nosotros existe en un vacío. Todos somos parte de relaciones de algún tipo, y tenemos gente que se siente conectada con nosotros. Desgraciadamente, a veces esas personas parecen querer detenernos cuando queremos dar un salto hacia adelante. Es una característica humana sentirse nervioso frente al cambio, y las personas que amamos pueden ponerse muy nerviosas cuando nos ven pensar, hablar o actuar en formas que no conocen, ¡aun cuando esas actitudes sean más positivas y felices! Uno de los instintos principales de la humanidad es una necesidad de estabilidad, y el cambio generalmente trae aparejada la inseguridad. Una esposa quiere dejar su trabajo para quedarse en casa con los niños. Un hijo declara que va a solicitar admisión en escuelas muy importantes. Un amigo empieza un programa de ejercicios cinco días a la semana y ya no quiere encontrarse con nosotros después del trabajo para tomarse unas cervezas. Todos estos cambios *pueden ser* buenos, pero tal vez la gente que nos rodea no los *sienta* como buenos. Sus amigos y familia quieren que las cosas no cambien, quieren lo que ya conocen.

Si sus amigos o familia parecen no apoyar demasiado algunas de las metas que usted quiere alcanzar, usted debe darse cuenta de que ellos tienen miedo de perderlo en algún nivel. Lo mejor que usted puede hacer es asegurarles que ellos son importantes en su vida. No deje de conectarse con ellos, aun si usted siente que debe cambiar la manera en que lo hace. Si usted quiere empezar su propio negocio, muéstrele a su cónyuge cómo planea seguir ocupándose de su familia y cuánto mejor será su vida cuando el negocio ya esté funcionando. Si usted no quiere ir con sus amigos a tomarse esas cervezas después del trabajo, encuentre una manera diferente de pasar tiempo con ellos. En la mayoría de las relaciones, la forma importa menos que el sentimiento. Mientras que sus amigos y familia sientan que usted todavía los ama y se preocupa por ellos y ellos reconozcan lo importante que es este cambio para usted, generalmente ellos estarán dispuestos a dejarlo seguir sus sueños.

▶ **Falta de Disciplina**

Hay dos cosas cuya carencia con frecuencia causa la falta de disciplina. La primera y más importante es la motivación. Si usted está motivado, será disciplinado. Es por esto que los tres primeros pasos de este proceso están diseñados para darle la clase de motivación mental y emocional que le hará querer hacer esfuerzos constantes hacia el logro de sus metas.

El segundo factor para generar disciplina es tener un sistema. La disciplina no es nada más que hacer lo que necesita hacer cuando necesita hacerlo, y la forma más fácil de volverse disciplinado es crear un sistema. Todo el Paso 8 trata de cómo crear sistemas que hacen que la disciplina sea mucho más fácil de lograr.

▶ **Falta de Compromiso**

Reitero, la falta de compromiso puede ser causada por una cuestión de motivación o quizás algún conflicto interno sobre la meta. Si usted tiene como meta doblar su ingreso anual, pero cree que no podrá pasar mucho tiempo con su familia como resultado, y la familia es una de las áreas de concentración más importantes de la vida, entonces su compromiso para alcanzar su meta financiera puede tambalear. Una de las preguntas más importantes que le enseño a mis clientes es, "¿Cómo puedo llegar a mi primera meta y a mi segunda meta?" Por ejemplo, "¿Cómo puedo doblar mis ingresos y pasar tiempo con mi familia?" Esta clase de pregunta les hace empezar a pensar de maneras diferentes, y les ayuda a pensar en estrategias alternativas que tal vez nunca hubieran considerado. Tal vez la familia podría estar involucrada en el negocio. Tal vez una clase de negocio diferente lo podría ayudar a ganar más dinero en menos tiempo. Quizás lo que su familia quiere no es cantidad sino calidad de tiempo, por lo que, en vez de pasarse todas las noches en casa, sentado frente al televisor, mientras los chicos hacen la tarea, usted podría hacer que dos noches a la semana fueran "noches de familia" y hacer cosas juntos, y trabajar en su negocio las otras noches.

La mayoría de nuestras metas no son mutuamente excluyentes; es sólo cuestión de pensar en diferentes maneras de alcanzarlas. Hay millones de senderos junto al camino a la grandeza financiera, pero todos ellos eventualmente llegan al mismo destino.

► **Falta de Conocimiento o de Educación**

Para mí, este obstáculo siempre es temporal porque siempre podemos aprender lo que necesitamos para saber cómo alcanzar nuestras metas. Es sólo cuestión de hallar qué es lo que necesitamos saber y cómo podemos aprenderlo, y luego hacer el esfuerzo necesario para lograrlo. Hay muy pocas metas que requieren algún tipo de título, certificado o diploma, pero aun si son necesarios, si nuestra meta es ser médico, por ejemplo, o plomero o maestro, todo lo que usted tiene que hacer es considerar la educación como su primera meta.

Hay muchas maneras de adquirir conocimientos en el mundo actual. Puede leer libros (¡como éste!); puede unirse a un grupo de gente que tiene la información que usted busca; puede encontrar a alguien que le enseñe o lo guíe; puede navegar en Internet y buscar lo que necesita saber. Nadie debe dejar que la falta de conocimiento o educación se interponga en su camino a sus sueños. El conocimiento es como una moneda de oro: siempre tendrá un gran valor. Considere al conocimiento que necesita como el primer paso para alcanzar su meta.

► **Falta de Experiencia**

En mi opinión, éste es el más débil de todos los obstáculos. *¡Todos* empezamos sin experiencia! Nadie nació sabiendo cómo caminar o hablar. Pero continuamos practicando hasta que terminamos dando nuestros primeros pasos y hablando hasta por los codos. Siempre que queremos empezar algo, por definición no vamos a tener ninguna experiencia en ello. El obstáculo de la "falta de experiencia" es realmente nada más que el temor al fracaso con un nuevo disfraz. Tenemos miedo de parecer estúpidos o de fracasar en esta nueva empresa, por lo que simplemente no nos molestamos en intentar.

Hágame un favor: comprométase a ser realmente malo en algo la primera vez que lo intenta. Haga que "realmente malo" sea su estándar. Planee ser realmente malo las primeras veces y considere aceptable ser solamente malo. Intentar algo y ser realmente malo es la única manera en que podemos mejorar. Si usted hubiera dejado de tratar de caminar la primera vez que se cayó cuando era un bebé, no estaría caminando hoy día. Le sugiero encarar cada una de sus metas como si usted fuera un bebé. La clave no es parecer o ser bueno; la clave del éxito es seguir intentando. La única manera en que va a adquirir la experiencia que busca es si sigue intentándolo, una y otra vez, aun si sus resultados no son muy buenos. Eventualmente, usted sabrá exactamente qué hacer y *será* excelente. También le sorprenderá la rapidez con que ocurre eso.

Para llegar adonde queremos ir, para alcanzar nuestras metas y recorrer el camino a la grandeza financiera, es esencial que identifiquemos los obstáculos que enfrentamos para así poder hallar un camino que rodee, pase por encima o a través de cualquier cosa que se interponga en nuestro camino. Le puedo decir, por experiencia propia, que no soluciona nada si ignora los obstáculos, especialmente los internos, porque no desaparecerán. Tratar de avanzar mientras ignora los obstáculos es como tratar de correr un maratón mientras trata de ignorar el hecho de que tiene una pierna rota. No va a progresar mucho, tal vez se cause un daño permanente y con seguridad va a ser mucho más doloroso.

La clave de bregar con los obstáculos es prepararse lo mejor posible. Debe sentarse y escribir todo lo que se le ocurra que eventualmente puede enfrentar para poder prepararse para hacerlo. Obviamente, no va a poder prepararse para todo, pero necesita al menos prepararse para los obstáculos que usted sabe que aparecerán. Recuerde, se supone que el camino a la grandeza financiera es una aventura divertida. Seguro, habrá pruebas y problemas en ciertos momentos. Pero si usted puede anticipar los obstáculos y evitar la mayoría de ellos, llegará a su destino en mucho mejor forma que alguien que simplemente comenzó el camino ignorando completamente los posibles escollos.

Un gran general dijo una vez, "Conozca a su enemigo." De eso se trata este paso, de conocer a los enemigos a los que se va a enfrentar para poder derrotarlos con facilidad. Es como en los juegos de vídeo que juegan los niños. Después de unos pocos juegos, los niños pueden decir cuáles monstruos van a aparecer en cada nivel. También saben exactamente qué deben hacer para derrotar a los monstruos y avanzar en el juego. Este paso le ayudará a identificar sus propios monstruos para que, usted también, pueda vencerlos y avanzar en el camino a sus metas y sueños.

Paso 5: ¿Qué Obstáculos Pueden Aparecer en mi Camino?

Para cada meta, conteste las siguientes preguntas. Escriba las respuestas en un hoja de papel o en su cuaderno, preferiblemente junto a la meta apropiada.

▶ *¿Cuáles son los obstáculos externos que podría enfrentar al tratar de alcanzar esta meta en esta área de concentración o función de mi vida?*
Estos obstáculos pueden incluir falta de tiempo, falta de dinero, falta de apoyo por parte de amigos o familia, falta de educación, conocimiento o experiencia, problemas de salud, etc. Haga una lista de todos los obstáculos externos que podrían interponerse en su camino para alcanzar esta meta.

▶ *¿Cuáles son los obstáculos internos que podría enfrentar al tratar de alcanzar esta meta en esta área de concentración o función de mi vida?*
Estos obstáculos incluyen las creencias o sentimientos que le impiden tratar de alcanzar sus metas con todo su corazón, mente y alma. La falta de confianza en sí mismo, falta de disciplina, miedo, creencias que lo limitan, falta de claridad, sentimientos negativos, falta de compromiso, todos caen en esta categoría. Escriba en su lista cada uno de los sentimientos o creencias que podrían impedirle tratar de alcanzar sus metas con todo su corazón y con entusiasmo.

Ahora bien, conocer los obstáculos no es suficiente; usted tiene que prepararse para vencerlos. Conteste la siguiente pregunta para cada obstáculo.

▶ *¿Cómo puedo prepararme por adelantado para lidiar inmediatamente con este obstáculo si es que aparece?*
Para los obstáculos externos, esto podría comprender establecer condiciones que hagan posible que usted continúe su progreso hacia sus metas sin que importe lo qué suceda. Si su obstáculo es la falta de tiempo, ¿cómo puede organizar su vida, de tal manera que tenga una cierta cantidad de tiempo en forma regular para tratar de alcanzar esa meta? Si es la falta de dinero, ¿cómo puede ahorrar una pequeña cantidad cada día para dedicar a esta meta? Si es la falta de conocimientos o de educación, ¿cómo puede obtener la información que necesita? Debe crear un plan

específico, formado por pasos fácilmente realizables que le permitan progresar constantemente hacia sus metas.

Para los obstáculos internos, dos cosas le van a ayudar. Primero, volver a conectarse con las razones por las que quiere alcanzar esta meta. Un sabio dijo una vez, "Si usted tiene un *por qué* lo suficientemente fuerte, hallará un *cómo*." Segundo, los obstáculos internos son generalmente algún tipo de creencia sobre usted mismo, de lo que usted es capaz o de lo que se merece. Pregúntese, "¿Por qué es incorrecta esta creencia?" En una lista, escriba al menos una docena de razones por las que usted es digno de algo, por qué debe tener confianza en sí mismo, por qué está bien tener miedo al comenzar algo nuevo, etc. Lea su lista de razones una y otra vez. Y luego realice una pequeña acción cada día que pruebe que su obstáculo interno no es nada más que un producto de su imaginación.

Está casi listo para comenzar a recorrer el camino a la grandeza financiera. Tiene la motivación, la orientación general, su punto de partida y sabe dónde quiere terminar. Ha pensado en todos los posibles escollos que podría encontrar a lo largo de la ruta y se ha preparado para ellos. Y también tiene buenas noticias: va a recibir un montón de ayuda en su viaje a la grandeza financiera. Pase a la siguiente página y comience a descubrir los valiosos recursos que ya tiene y que le ayudarán a avanzar mucho más lejos, mucho más rápido que lo que jamás había pensado.

Paso #6

¿De Qué Recursos Dispone Ahora?

Antes de comenzar su viaje, también necesita saber qué recursos tiene a su disposición para hacer su viaje más fácil y placentero. Si usted supiera que está por cruzar el desierto Mojave, ¿no tendría sentido llevar agua, loción para protegerse del sol, un sombrero y tal vez un vehículo para todo terreno como ayuda para cruzarlo más rápidamente? Y si usted puede cruzar el desierto en avión, ¿para qué caminar?

En este paso va a hacer una lista de todos los recursos que podrían ayudarlo en su camino a la grandeza financiera. Puede dividir sus recursos en varias categorías. Hay recursos *internos* (creencias, emociones, experiencias del pasado), y recursos *externos* (tiempo, dinero, amigos, familia, información, etc.) También están los recursos *reales* (cosas o personas a las que usted puede acceder inmediatamente) y recursos potenciales (gente a la que usted podría localizar, información que podría reunir, dinero que podría pedir prestado, etc.) Recuerde, el camino a la grandeza financiera es un viaje, no una "cosa" que usted adquiere instantáneamente. Los recursos que tiene y los recursos que necesita cambiarán a medida que recorra el camino.

Uno de los recursos más valiosos y sin embargo menos utilizado es el de una persona modelo. En los miles de años de historia humana y de los miles de millones de personas sobre este planeta, hay alguien que ya ha alcanzado la meta que usted está tratando de alcanzar. Es más, probablemente haya mucha gente. Su primer trabajo es encontrar a otros que ya hayan recorrido el camino hacia su meta, para que adopte sus ideas y estrategias. Después de todo, ¿para qué tratar de inventar la rueda si alguien ya lo ha hecho? ¿Para qué abrir un nuevo sendero si Lewis y Clark ya han abierto el camino?

Sin embargo, la clave de elegir una persona modelo es *hallar a alguien que ya lo haya hecho, no simplemente a alguien que dice conocer el camino.* Nadie puede realmente enseñar lo que no ha hecho personalmente. Piénselo así: Imagine que usted es uno de los primeros europeos en camino al Nuevo Mundo, después de que Cristóbal Colón regresó a España en 1493. ¿Con quién querría embarcarse: con alguien que realmente haya hecho el viaje con Colón o con alguien que solamente haya escuchado las historias de Colón sobre su viaje? ¿Quién cree que tendría más probabilidades de llevarlo al Nuevo Mundo con seguridad? Si yo tuviera que elegir, iría con la persona que ya recorrió la ruta en persona. Eso es lo que usted quiere en una persona modelo. Si usted quiere mejorar sus relaciones con sus hijos, halle una persona modelo que tenga una gran relación con sus hijos. Si usted quiere empezar un pequeño negocio, encuentre a alguien que ya haya establecido una empresa exitosa. Si usted quiere asesoramiento sobre cómo invertir para su jubilación, observe el historial profesional del asesor y asegúrese de que haya hecho un buen trabajo a través de los años, independientemente de las subidas y bajadas del mercado.

El éxito deja indicios, así que trate de hallarlos antes de comenzar su camino. Si no conoce a nadie personalmente que haya alcanzado su meta, entonces lea sobre alguien que lo haya hecho. Sea creativo. Pida a su familia y amigos que le ayuden a pensar en otras fuentes potenciales. ¡"Pide y recibirás" es mi lema! Apuesto que hay muchos recursos disponibles sobre los que usted ni siquiera ha pensado antes. Pero ahora es el momento de reconocer sus recursos y prepararse para usarlos al máximo en su viaje.

Paso 6: ¿De Qué Recursos Dispongo Ahora?

Para cada meta, responda las siguientes preguntas. Escriba las respuestas en una hoja de papel o en su cuaderno, preferiblemente junto a la meta apropiada.

▶ **¿Cuáles son los recursos externos que tengo disponibles ahora para alcanzar esta meta?**

Estos recursos podrían incluir tiempo, dinero, amigos, familia, conocimientos, educación, etc. Haga una lista de absolutamente todo lo que podría ser un activo para usted mientras trata de alcanzar esa meta particular. Si usted quiere empezar una pizzería o negocio de reparto, ¿tiene un vehículo? Si quiere acercarse más a sus hijos, ¿sabe cómo usar los juegos electrónicos o puede leerles cuentos por la noche? Si quiere invertir en una propiedad, ¿tiene a un primo o amigo que trabaje en bienes raíces, banco, construcción, etc.? Incluya en la lista hasta el recurso más pequeño si le puede ser útil.

▶ **¿Cuáles son los recursos externos que tendré disponibles en el futuro para alcanzar esta meta?**

Si suponemos que le llevará más de un mes alcanzar esa meta, ¿a qué recursos podría tener acceso en el futuro que le serían útiles? ¿Puede obtener una línea de crédito como ayuda para ampliar un negocio? ¿Puede sacar una segunda hipoteca sobre su casa una vez tenga derecho sobre la propiedad? ¿Está en sus planes recibir un ascenso o un diploma que puedan ser útiles? ¿Se graduarán de la universidad sus hijos y se mudarán de su casa, liberando así más dinero para su jubilación? De la misma manera en que buscó obstáculos potenciales en su camino, puede buscar recursos potenciales que lo puedan ayudar. No olvide, sea creativo. Estamos preparados para muchos de los recursos que se nos presentan, pero no para otros. La clave es aprovechar tantos recursos como sea posible.

▶ **¿Cuáles son los recursos internos que tengo disponibles para alcanzar esta meta?**

¿Qué creencias tiene sobre usted mismo que podrían hacer su viaje más fácil? ¿Qué experiencias ha tenido que le darán una ventaja adicional? ¿A qué sentimientos puede recurrir para continuar motivado y entusiasmado? Haga una lista con cada una de las creencias, sentimientos y experiencias que usted podría considerar como un recurso, ahora y en el futuro.

▶ *¿Quién podría ser para mí una persona modelo mientras trato de alcanzar esta meta? ¿Por qué es esa persona un buen modelo? ¿Qué puedo aprender de esa persona que me ayude a alcanzar mi meta?*

Recuerde, las personas modelo pueden venir de muchos lugares diferentes: gente que usted conoce, gente a la que le gustaría conocer, gente famosa, gente que sólo usted conoce, personajes históricos sobre los que leyó, gente de la que hablan en la televisión, etc. Si es posible, póngase en contacto con esa persona y vea si puede sentarse y charlar con él o ella. Si no puede, lea sobre esa persona, aprenda tanto como pueda sobre cómo esa persona alcanzó la meta que usted quiere alcanzar. Imagínese a esa persona en su situación y pregúntese, "¿Qué haría la persona modelo?" Use la experiencia y los conocimientos de esa persona para hacer su viaje más llevadero.

¿No es fabuloso darse cuenta de cuántos recursos tiene a su disposición mientras recorre el camino a la grandeza financiera? Ahora usted está listo para comenzar a planear los pasos reales que deberá dar. Usted tiene el *por qué*, conoce el *qué* y tiene una idea clara de lo que puede interponerse en su camino, así como lo que puede ayudarle mientras avanza. Finalmente, está listo para ver *cómo* pasará del punto A (donde está) al punto B (su meta). Dé vuelta la página y comience a planear su estrategia para el éxito.

Paso #7

¿Cuál es su Estrategia?

¡Felicitaciones! Finalmente ha llegado a la parte de *cómo*. Aquí es donde usted comienza a desarrollar un plan de acción, a preparar su mapa del recorrido hacia la grandeza financiera. Y usted es el único que decide cómo quiere llegar allí. ¿Quiere tomar la ruta panorámica o la ruta más directa? ¿Prefiere parar y ver el paisaje o quiere tomar el carril rápido? ¿Va a contratar a un guía personal o va a hacer el viaje solo?

Algunas personas tienen apuro por llegar a la grandeza financiera y quieren saltar dentro del carro y salir volando. Está bien, siempre y cuando tengan un mapa del recorrido. Sin uno, sólo estarán conduciendo sin saber qué ruta los va a llevar a su destino de la manera más rápida y directa. Sin un mapa, lo único que van a hacer es malgastar gasolina. Si cree que estoy exagerando, ¿cuántas veces ha oído a alguien decir, "Necesito comenzar a ahorrar para la educación de mis hijos," pero cuando uno les pregunta, "¿Cómo lo va a hacer? ¿Cuál es su estrategia?" no tienen ni la menor idea. O quieren ahorrar tanto dinero como puedan para la jubilación, pero sus fondos de jubilación están en tres IRAs, diez fondos de inversión diferentes, más una cuenta de ahorros que casi no paga interés. Eso es como subirse a un automóvil y comenzar a conducir sin un mapa claro. Para llegar a la grandeza financiera, usted tiene que tener un plan, una estrategia.

¿Qué es una estrategia? Es una manera específica para llegar del punto A, donde usted está ahora, al punto B, donde usted quiere llegar, su meta. Si su meta es comprar una casa, por ejemplo, sería mejor si comenzara a pensar sobre todo lo que necesitará hacer para que eso suceda. ¿Va a necesitar ahorrar para el pago inicial? ¿Solicitar una hipoteca? ¿Hallar un vecindario en el que le gustaría vivir? ¿Elegir un agente de bienes raíces? Todas estas tareas serán parte del "mapa del recorrido" para llegar a ser dueño de una casa.

Su estrategia para alcanzar la grandeza financiera dependerá de tres factores: dónde quiere ir (las metas que usted eligió en el Paso #4); su punto de partida (el que identificó en el Paso #3); y cuánto durará el viaje. Si usted está ahorrando para la jubilación y tiene unos veinte años, podría escoger estrategias muy diferentes de las que escogería si estuviera en los cuarenta. Si está ahorrando para la educación de su hijo y éste ya tiene dieciseis años, ¡va a ser mejor que planee un viaje rápido!

Si alcanzar sus metas le va a llevar varios años, tal vez usted quiera asegurarse de que su estrategia incluya lo que yo llamo "paradas de descanso." Lo que quiero decir con esto es que tal vez usted quiera separar sus metas en partes más pequeñas, para poder experimentar los sentimientos de éxito y logro que produce alcanzar algo que es importante para usted. Si está ahorrando para el pago inicial de una casa, por ejemplo, y usted sabe que le va a tomar cinco años hacerlo, haga una celebración cuando llegue a la mitad de su meta. Por otro lado, si su meta es darle a su hija una fiesta de matrimonio maravillosa y sabe que ella se va a casar en un año, ese viaje será lo suficientemente corto como para no tener que preocuparse demasiado.

Ahora bien, hay algunas rutas con más tráfico que otras, ¿verdad? Aquí, en Los Ángeles, autopistas como la 405 y la Interestatal 10 están llenas de cientos de miles de personas que van al trabajo todos los días. Estas rutas están muy llenas porque, para mucha gente, son las mejores rutas para ir del punto A al punto B, de la casa a la oficina, por ejemplo. De la misma manera, hay ciertas rutas a la grandeza financiera que casi todos tenemos que recorrer. Estas rutas son las 11 diferentes estrategias financieras que voy a describir en este capítulo. Estas simples y prácticas estrategias financieras han sido puestas a prueba durante largo tiempo y han demostrado que funcionan. Le sugiero que estudie cada una e implemente tantas como pueda.

11 Estrategias Básicas de Planificación Financiera

▶ **Tenga claro su resultado ideal.**

Como dije en los capítulos previos, la claridad es poder. Sepa qué es lo más importante. No pierda su tiempo corriendo tras metas que no son realmente importantes y que no crearán grandeza en su vida. Es por eso que los Pasos 1, 2 y 3 de este proceso de grandeza financiera son esenciales. No siga avanzando hasta que haya descubierto las áreas importantes de concentración de su vida, valores, funciones y metas.

► **Conozca su punto de partida.**

Una vez tenga claro el resultado ideal de su viaje, necesita saber dónde comienza su recorrido. Ya debe de haber trabajado algo en esto como parte del Paso 4. La clave para conocer su punto de partida es *organizarse*. La mayoría de la gente ni siquiera sabe ni entiende los activos que ya posee, o las diferentes clases de deudas que tiene. Reúna todos sus documentos financieros: sus estados de cuentas bancarias; estados de cuentas de inversión, incluyendo IRAs, 401(k) y otros; pólizas de seguros; talonarios de cheques de sueldos más recientes; declaración de impuestos del año pasado; y los informes sobre sus beneficios como empleado. Estúdielos todos para saber bien lo que tiene.

► **Lleve un registro de sus gastos.**

Lleve un registro de dónde y en qué está gastando su dinero. Esto le ayudará a analizar si está gastando demasiado dinero en cosas que no necesita y que le están impidiendo alcanzar la grandeza financiera. También le dirá cuánto dinero le queda cada mes para destinar al logro de sus metas. Crear y mantenerse dentro de un presupuesto le asegura que pondrá su dinero donde realmente importa, en vez de terminar el mes sin poder mostrar un beneficio concreto.

► **Prepare un estado de su valor neto.**

La mayoría de la gente piensa que si gana más dinero, será más rica. Nada está más lejos de la verdad. Cuanto más dinero gana, más dinero gasta. Todos hemos oído mil veces que no es lo que se gana, lo importante es lo que se guarda. La grandeza financiera se basa completamente sobre su patrimonio, no sobre los ingresos. Un estado de valor neto es una lista del valor en dólares de lo que usted tiene y de lo que usted debe. La diferencia muestra en detalle su riqueza. Ésta es la mejor herramienta para ver si se encuentra en el camino correcto a la grandeza financiera. Un estado de valor neto negativo (más deudas que activos) y que está empeorando, le dice que está yendo en la dirección equivocada. Un estado de valor neto en aumento significa que se está acercando a su meta.

Y ya que hablamos de esto, comprar una casa es casi siempre la parte más importante del estado de valor neto de cualquier persona. A través de los años, ésta es una de las mejores inversiones que puede hacer. Ser dueño de su casa elimina los gastos de alquiler todos los meses (lo que no le ayuda a aumentar su valor neto) y también le da muchas ventajas con sus impuestos.

▶ **Acumule una reserva en efectivo para su tranquilidad.**
Es necesario acumular una reserva en efectivo para las emergencias inesperadas de la vida. La falta de liquidez financiera (es decir, efectivo disponible) crea un estrés innecesario. La falta de reservas en efectivo puede, a veces, ser casi una forma de esclavitud. Muchos latinos perderían su casa si se encontraran de repente sin un trabajo y sin recibir una indemnización. Muchos latinos también se encuentran en trabajos que odian, pero que no pueden dejar porque no tienen una reserva en efectivo. Ellos saben que si dejaran sus odiosos trabajos, tal vez no podrían encontrar otro inmediatamente y entonces perderían su casa y su crédito.

▶ **Espere lo mejor, pero prepárese para lo peor.**

No nos gusta pensar que nos puede ocurrir un accidente, que se nos puede quemar la casa, perder a nuestro cónyuge y cosas por el estilo. Sin embargo si no nos preparamos, ese tipo de sucesos catastróficos nos puede destruir (y también a nuestra familia) innecesariamente. Repase su póliza de seguro para asegurarse de que está debidamente protegido contra las mayores catástrofes de la vida. Repase su seguro de salud, vida, incapacidad, automóvil, de dueño de casa (o de inquilino) y de cuidados de largo plazo.

▶ **Haga "planificación de trabajo."**

Como la riqueza está basada en el valor neto y no en los ingresos, sus ingresos son el elemento que usted usará para crear su valor neto y por consiguiente su riqueza. En la actualidad, ¿está ganando lo que usted vale? A veces nos acostumbramos a nuestro trabajo y no hacemos cambios en nuestra carrera que nos podrían beneficiar. En otras circunstancias, podemos encontrarnos en situaciones en las que se están aprovechando de nosotros porque no nos están pagando lo que valemos. Piense si realmente está haciendo lo que le encanta hacer y si le están pagando de acuerdo al valor que usted da. Muy poca gente piensa en lo que potencialmente puede ganar al preparar un plan financiero. Recuerde, usted mismo es su mejor inversión.

▶ **Ahorre en impuestos a través de la planificación, no de la preparación.**

Menos del 3 por ciento de los latinos hace algún tipo de planificación para impuestos. ¿Se da cuenta de que a lo largo de su vida va a pagar más en impuestos que lo que pagaría por su casa? Un manera común de saber si usted no está planificando para los impuestos lo suficiente es ver si está recibiendo un gran reembolso. Los grandes reembolsos generalmente no son nada más que dinero que fue retenido en exceso de sus cheques del sueldo. Usted le está dando al gobierno demasiado dinero cada mes, que luego el gobierno le devuelve al presentar su declaración de impuestos antes del 15 de abril. Sin embargo, ¿le paga interés sobre ese dinero el gobierno? ¡Por supuesto que no!

Para colmo de males, la mayoría de la gente luego usa su reembolso impositivo para pagar lo que debe en sus tarjetas de crédito. Piense en esto: cada mes la gente le paga al gobierno demasiado en impuestos y luego compra cosas con sus tarjetas de crédito a un interés del 13 al 21 por ciento. Pero si esta gente pagara la cantidad correcta de impuestos cada mes, podría usar ese dinero para comprar las cosas que está poniendo en sus tarjetas ¡y ahorrarse todos esos pagos de interés! Desgraciadamente, la mayoría de las personas a las que les he explicado esto me dan la razón pero no pueden cambiar este hábito que las perjudica. No sea un latino que entiende la verdad pero vive una mentira. ¡La verdad lo liberará!

▶ **Haga y verifique sus inversiones regularmente.**

El camino a la grandeza financiera siempre incluye alguna clase de plan de inversiones. Debe invertir con regularidad, constancia y en los mejores vehículos financieros para sus metas. Pero usted no puede simplemente ir y hallar un asesor financiero, decirle qué debe hacer y luego suponer que todo está bien. Nadie se preocupará por su dinero como usted. A fin de cuentas, usted es el responsable de la salud de su portafolio financiero. Usted tiene que revisar su cartera de inversiones regularmente para asegurarse de que éstas estén en línea con su nivel de riesgo y con sus metas de grandeza financiera. Como dije en la Barrera 2, la diversificación es la clave para la seguridad de sus inversiones, e invertir de manera constante es la clave para aumentar la seguridad de su cartera de valores.

La grandeza financiera significa hacer inversiones disciplinadamente. Mucha gente pierde hasta la camisa al tratar de seguir los vaivenes del mercado, comprar bajo, vender alto. Aun los profesionales tienen problemas cuando hacen esto y, a menos que usted esté planeando invertir un montón de tiempo (y dinero) estudiando el mercado de valores, no trate de seguir al mercado. Invertir regularmente en una gama variada de vehículos financieros (sobre lo que ya hemos hablado en la Barrera 2) es lo más seguro que puede hacer para desarrollar su cartera. Disciplina también significa no actuar emocionalmente cuando se trata de comprar o vender cualquier inversión. He visto a mucha gente perder dinero por conservar una acción en baja porque "le gusta la compañía" o porque se siente estúpida por haber tomado una mala decisión cuando compró las acciones en primer lugar. Si bien conviene usar sus emociones para motivarse para alcanzar la grandeza financiera, cuando se trata de comprar o vender inversiones, su sentido común, frío y duro, es su mejor amigo. Cuando verifique su cartera, no tenga compasión. Deshágase de las inversiones que no van bien, y compre más de las que estén dando buenos resultados.

► **Ahorre para su educación y la de su familia.**

Con seguridad, la mejor inversión que usted puede hacer es invertir en una muy buena educación para usted y sus hijos.

Desgraciadamente, una muy buena educación puede ser muy costosa. Pero, como alguien dijo alguna vez, si usted cree que la educación es cara, piense en lo que cuesta la ignorancia. La educación de sus hijos debe ser una prioridad; y no olvide invertir en mantener sus propias habilidades y educación al día con los estándares de su profesión. Es la mejor manera que conozco de asegurarse un buen ingreso para usted y sus hijos en el futuro.

Y asegúrese también de educar a sus hijos sobre las finanzas. La mejor manera de darles un futuro financiero seguro es acostumbrarlos a manejar y administrar dinero. Deles una cantidad de dinero cada cierto tiempo, pero insista en que abran una cuenta bancaria. Encárgueles tareas en la casa y págueles un salario establecido por su tiempo y esfuerzo. Juegue con ellos juegos financieros, por ejemplo Monopolio. Muéstreles cómo hacer el balance de una libreta de cheques. Hoy día, hay muchos libros, juegos y otras herramientas didácticas sobre el dinero para niños de todas las edades. Cuando usted educa a sus niños sobre el dinero a través de la práctica y su propio ejemplo, los está iniciando en su propio camino a la grandeza financiera.

► **Transfiera su riqueza a sus seres queridos eficaz y efectivamente.**

Obviamente, ninguno de nosotros sabe cuándo nos van a llamar de arriba, pero por eso mismo, tenemos que estar listos ahora. La mayoría de los latinos mencionan a la familia como su valor más importante, sin embargo muy pocos latinos crean algún tipo de testamento o fondo de sucesión para poder así proteger los intereses de su familia. Este libro trata de vivir una gran vida financiera a partir de ahora, día tras día, y eso incluye el día en que morimos. Dele a su familia el mejor regalo que puede recibir en momentos muy difíciles: un plan legal y financieramente sólido que deje en claro sus deseos y que les transfiera la mayor cantidad de su riqueza.

¿Cómo crear sus propias estrategias? Comience escribiendo en detalle todas las tareas que necesitará hacer para alcanzar sus metas. Estas tareas detalladas son las acciones que debe tomar. Algunos de estos pasos los puede dar solo, otros serán más fáciles si contrata a un guía (un profesional financiero) o compra un mapa (un libro sobre planificación de impuestos, un programa de computadora, etc.) Para tener éxito, sin embargo, debe crear estrategias que sean sencillas y prácticas. Uno de los secretos de la grandeza financiera es no complicarse la vida, no crear más complejidad. La simpleza es el mejor curso de acción.

"Saber es poder," es un dicho que se usa frecuentemente entre los latinos para motivarnos. Pero yo creo firmemente que el conocimiento es sólo poder potencial. Usted puede tener todo el conocimiento del mundo, pero si nunca lo aplica, el conocimiento no va a tener ningún impacto en su vida. Usted determina lo que quiere, pero la acción determina lo que obtiene. Cuando usted crea estrategias, está creando un plan para pasar del pensamiento a la creación de los medios para tomar acción. Usted está literalmente creando los medios para convertir sus metas y sueños en su experiencia diaria de la vida.

Paso 7: ¿Cuál Es mi Estrategia?

Para cada meta, responda las siguientes preguntas. Escriba las respuestas en una hoja de papel o en su cuaderno, preferiblemente junto a la meta apropiada.

▶ *¿Qué acciones necesito tomar para alcanzar esta meta?*

Sea muy específico cuando cree su estrategia. Recuerde tomar en cuenta tres factores: dónde quiere ir (la meta); de dónde sale (que ya determinó en el Paso 3); y cuánto planea que dure su viaje.

▶ *¿Requieren algunas de estas acciones un "plan de acción" propio?*

Para realizar algunas acciones se requiere más de un paso o estrategia. Por ejemplo, suponga que su estrategia es ahorrar una cierta cantidad de dinero cada mes durante los próximos tres años para comenzar un nuevo negocio. Usted podría hacer esto ganando más dinero, recortando gastos o una combinación de ambos. Va a ser necesario algún tipo de plan para realizar estas acciones. Estudie sus acciones y vea cuántas estrategias serán necesarias para realizar ese paso particular en el camino a su meta.

▶ *¿Cuál de las 11 estrategias básicas de planificación financiera que aparecen en este capítulo necesito implementar en mi vida ahora?*

¿Ya ha creado estrategias para algunas de estas acciones? Si ya lo ha hecho, evalúe las estrategias. Si no ha trabajado en alguna area en particular, hágalo ahora, cree un plan de acción.

Las estrategias nos dan el mapa del recorrido hacia nuestra propia grandeza financiera. Pero hay algo más que hará que su camino sea aún más fácil, algo que hará que su progreso sea automático: crear sistemas para implementar sus estrategias. ¡Pase a la siguiente página y acelere su motor financiero!

Paso #8

¿Qué Sistemas Prácticos Tiene que Establecer?

¿**H**a conducido alguna vez un vehículo con transmisión manual? Cuando lo hace, usted tiene que poner cierta concentración para cambiar velocidades, usar el pedal del embrague, usar el cambio apropiado para la velocidad que lleva, etc. Pero cuando usted conduce un vehículo con transmisión automática, éste hace todo eso solo. Usted simplemente pisa el acelerador y los cambios se efectúan automáticamente, dependiendo de la velocidad del vehículo. Usted no tiene que pensar en los cambios; todo lo que tiene que hacer es usar el acelerador y el freno.

Eso es exactamente lo que los sistemas hacen para usted: le hacen más fácil manejar su "automóvil financiero," automatizando las cosas. Usted no tiene que pensar en ahorrar una cierta cantidad de cada cheque del sueldo porque ha establecido un plan de ahorro automático, por ejemplo. Usted no tiene que tomarse tiempo cada mes para seleccionar las inversiones apropiadas porque consultó a un buen planificador financiero y creó un plan para una cartera diversificada. Ahora, cada vez que usted pone dinero en su cuenta de inversiones, sabe que un cierto porcentaje va a efectivo, otro porcentaje va a fondos de inversión, algo va a bonos del Tesoro, etc. Usted también tiene un sistema establecido para revisar su cartera cada trimestre para asegurarse de que está alcanzando sus metas de inversión. Si las estrategias son el mapa del recorrido a la grandeza financiera, los sistemas hacen su viaje más rápido, suave y fácil.

Una vez oí, "Para que algo sea poderoso, tiene que ser práctico." Los sistemas nos ayudan a hacer a nuestras estrategias prácticas. Muy poca gente puede confiar en su disciplina para alcanzar sus metas. Necesitan implementar sistemas simples para poder continuar funcionando en tiempos buenos y malos. Los sistemas le permiten hacer su viaje en piloto automático o con control de velocidad. No conozco una manera mejor de hacer el camino a la grandeza financiera que con la implementación de sistemas sencillos y prácticos.

Cada una de las estrategias que usted cree como ayuda para alcanzar sus metas debe tener también algún tipo de sistema, una manera automática de implementación. Al final de este capítulo usted verá de nuevo las estrategias que creó en el Paso #7, y creará sistemas para hacerlas fáciles. Pero primero, ¿no sería útil pensar en sistemas para realizar las 11 estrategias básicas de planificación financiera que aprendió en el último capítulo?

11 Estrategias Básicas de Planificación Financiera

▶ **Tenga claro su resultado ideal.**

Estrategia: Descubra las áreas de concentración importantes de su vida, valores, funciones y metas.

Sistema: Ahora mismo, marque un día en su calendario en que pueda sentarse a escribir sus metas ideales. No permita que nadie lo interrumpa; si es necesario alquile un cuarto en un hotel, o vaya a algún lugar retirado donde no haya distracciones. Espere con anticipación ese día tan crucial. Dele la importancia de un feriado nacional. Llámelo su día de Grandeza Financiera Personal. Luego, dedique al menos un día al año a revisar sus áreas, funciones, metas y finanzas.

▶ **Conozca su punto de partida.**

Estrategia: Organícese. Reúna todos sus documentos financieros: los estados de cuenta de su banco; estados de cuenta de inversiones, incluyendo IRAs, 401(k), y otros; pólizas de seguros; el talonario de su cheque de sueldo más reciente; la declaración de impuestos del año pasado; y estados de cuentas de beneficios de empleado. Revíselos todos para saber bien lo que tiene.

Sistema: (1) Compre un organizador financiero para guardar toda su documentación financiera importante en un lugar. Acostúmbrese a poner siempre toda su información financiera en ese lugar. (2) Haga una cita con un asesor financiero profesional para que le explique cualquier cosa que usted no entienda o que necesite tener más clara.

► **Lleve un registro de sus gastos.**

Estrategia: Haga un presupuesto. Mantenga un registro que indique dónde y en qué está gastando su dinero.

Sistema: Cada semana, anote sus gastos en algún tipo de registro. Le sugiero que use un programa de computadora para hacer presupuestos financieros, por ejemplo *Quicken*. Si no tiene una computadora, papel y lápiz son suficientes. También he incluido una hoja de trabajo para presupuesto en el Apéndice. Si lo hace correctamente, no se puede imaginar de qué manera un informe de gastos o un presupuesto le abrirán los ojos al dinero que gasta de forma poco inteligente. Le mostrará dónde puede hacer ahorros y le ayudará a concentrarse en mover el dinero de cosas que no tienen importancia a las que importan más.

► **Prepare un estado de su valor neto.**

Estrategia: Cree un estado de su valor neto basándose en sus activos y pasivos actuales.

Sistema: Use los registros que organizó en la estrategia 2 para crear un estado anual de su valor neto, preferiblemente en el mismo día en que revise sus finanzas. (Vea la estrategia 1.) He incluido una copia de un estado de valor en la Tercera Parte. Una advertencia: asegúrese de que cuando calcule su valor neto no haya sobrestimado el valor de sus activos y subestimado el valor de sus pasivos. En mi experiencia, casi todos sobrestiman el valor de la casa, joyas y muebles que poseen. Sea sincero, no optimista.

► **Acumule una reserva de efectivo para su tranquilidad.**

Estrategia: Acumule una reserva de efectivo para las emergencias de la vida.

Sistema: La mejor manera de acumular una reserva de efectivo es pagarse a usted mismo con cada cheque de sueldo. Tome una porción de lo que gana y páguese primero, antes de usar su dinero en las cuentas, gastos y cosas así. Si bien esto puede parecer difícil, yo creo que encontrará que, de alguna manera, se las arreglará sin ese dinero, y cuando vea la cuenta del "efectivo para emergencias" crecer de mes a mes, estará mucho más tranquilo.

Coloque el dinero en una cuenta de efectivo, una cuenta de ahorro, por ejemplo, cuenta de mercado monetario o certificado de depósito a corto plazo (CD). Es necesario que entienda que este dinero no se debe tocar excepto en una emergencia, como la pérdida de un trabajo, gastos médicos inesperados, etc. Saber que puede hacerse cargo de estos gastos le ayudará a vivir una vida financiera más tranquila y buena.

► **Espere lo mejor, pero prepárese para lo peor.**

Estrategia: Revise sus seguros de salud, vida, incapacidad, automóvil, propiedad (o de inquilino) y de cuidados de largo plazo para asegurarse de que está debidamente protegido para las catástrofes de la vida.

Sistema: Haga una cita con un agente de seguros profesional para revisar todas sus pólizas. Pídale al profesional que coordine todas sus pólizas para verificar que está comprando el mejor seguro al mejor precio. Note que he dicho "mejor precio," no "el más barato." Frecuentemente los seguros baratos tienen un precio muy alto debido a la pobre cobertura, mal servicio y promesas incumplidas. Concéntrese en compañías de seguros de buena trayectoria. Después de todo, le conviene tener la certeza de que sus aseguradores no le fallarán si se presenta la necesidad.

▶ **Haga "planificación de trabajo."**

Estrategia: Evalúe su trabajo actual para asegurarse de que está ganando lo que usted vale y tiene un buen potencial de crecimiento de ingresos.

Sistema: Investigue en su campo de empleo para saber cuánto están ganando otras personas con su mismo trabajo. Si le están pagando menos del promedio en su área de trabajo, prepare una solicitud de aumento. Incluya en ella sus logros y qué intenta lograr en el futuro. Presente su posición de una manera clara y desapasionada. Si no la aceptan, evalúe las razones dadas y, si usted cree que son válidas (por ejemplo, usted ha estado en ese puesto poco tiempo), vuelva a presentar su propuesta un poco más adelante. Si usted cree que las razones no son válidas, tal vez le convenga comenzar a buscar otro trabajo con una compañía diferente.

En realidad, creo que todos deberíamos tener un sistema establecido para poder solicitar otro trabajo en cualquier momento. Usted nunca sabe cuándo la oportunidad va a golpear a su puerta, ¡o cuándo un receso en la economía puede hacer que su trabajo desaparezca! Mantenga su currículum vitae al día, y considere enviarlo a otras compañías para probar el mercado laboral. También puede ver a un consultor de carreras profesional para hablar sobre otras oportunidades de empleo o simplemente para tener una idea de las posibilidades.

Pero, cualquiera sea la situación, asegúrese de que sus sistemas incluyan uno de mejora continua de su capacitación y habilidades. Repase lo que tiene que hacer para pasar al siguiente nivel en su carrera o profesión. ¿Necesita tener más educación o capacitación? ¿Un diploma o certificado? ¿Hay alguna habilidad, en computación, financiera o de negocios, que lo haría más valioso en su trabajo actual? Una vez que tenga una capacitación, asegúrese de que su empleador lo sepa, y por supuesto, ¡úselo para pedir un aumento en su siguiente evaluación!

▶ **Ahorre impuestos a través de la planificación, no de la preparación.**

Estrategia: Evalúe cuánto está pagando actualmente en impuestos para asegurarse de que está ahorrando tanto dinero como puede.

Sistema: Tal vez usted quiera que un profesional certificado le prepare su declaración de impuestos. Busque uno que prepare declaraciones de impuestos profesionalmente y que pueda decirle cómo reducir sus impuestos reclamando el máximo de deducciones. Sin embargo, recuerde el viejo dicho: "Si algo parece demasiado bueno para ser cierto, probablemente lo es." Cerciórese de que su asesor sólo esté reclamando en su nombre las deducciones legales, no las que son marginales.

Si usted no quiere usar un preparador de declaraciones de ~~impu~~estos profesional, le sugiero que se compre un buen pro-~~gram~~a computadoras, que lo guiará paso a paso por cada ~~paso~~. Si no tiene una computadora, hay muchas guías impositivas buenas que también le ayudarán a entender los tipos de deducciones que puede reclamar.

Una última palabra sobre los impuestos: una vez que haya reducido sus impuestos al punto en que ya no reciba un reembolso, tome el dinero adicional e inviértalo en vez de gastarlo. De esa manera, ¡estará ganando un doble beneficio de sus sistemas!

▶ **Haga y verifique sus inversiones regularmente.**

Estrategia: Invierta regularmente, diversifique y verifique sus inversiones en períodos de tiempo establecidos para evaluar sus ganancias.

Sistema: Un sistema poderoso y práctico para alcanzar la libertad financiera es tener la deducción máxima permitida retenida de su cheque de sueldo cada período de pago. Este simple sistema hace fácil que usted se pague a usted mismo primero después de cada cheque y le permite obtener, eventualmente, la libertad financiera.

Otro gran sistema de inversión es el de *costo promedio*. Este sistema consiste en invertir una cantidad específica cada mes, cualquiera sean las circunstancias. Digamos que usted quiere invertir $50 por mes en acciones de un fondo de inversión específico. El costo por acción de ese fondo de inversión sube y baja dependiendo del mercado. Supongamos que este fondo en particular varía entre $25 y $40 por acción como promedio. Algunos meses sus $50 comprarán dos acciones a $25 cada una, otros meses sus $50 comprarán una, un cuarto de acciones a $40 cada una. Pero, durante el año, su costo promedio por acción estará alrededor de los $25 y debajo de $40. Con inversiones de costo promedio, generalmente usted termina pagando menos de lo que pagaría si hubiera comprado acciones sólo cuando pensó que eran un buen negocio. El costo promedio es también una buena manera de invertir sistemáticamente, que es lo que queremos hacer, ¿verdad?

Una vez que haya creado sistemas para invertir regularmente, también necesita un sistema para verificar sus inversiones de cuando en cuando. Dedique un momento cada trimestre a revisar sus inversiones para asegurarse de que están en línea con su tolerancia de riesgo, tiempo disponible y metas de grandeza financiera. Recuerde, la diversificación es la clave.

Finalmente, cuando empiece un programa de inversión, elija un profesional financiero que lo asesore sobre lo que es importante para usted, que le ayude a determinar el riesgo que usted está dispuesto a correr y a invertir en su camino a la grandeza financiera. Ésta es una manera segura de saber si un profesional de inversiones es lo que aparenta. Pero huya a toda velocidad de los planificadores financieros que son en realidad vendedores de inversiones. Éstos son los que dicen saber cuál es la próxima inversión segura o le tratan de vender acciones basándose en su desempeño anterior. *Las ganancias obtenidas en inversiones previas no son indicación de futuras ganancias.* Nadie, absolutamente nadie, puede predecir en forma constante lo que el mercado hará en el futuro. Si alguien le dice que puede, márchese de su oficina y halle un asesor financiero honrado que le dé asesoría experta basándose en sus metas.

► **Ahorre para su educación y la de su familia.**
Estrategia: Ponga a un lado sumas regulares de dinero para invertir en su educación y la de su familia.
Sistema: Hay muchas maneras eficaces desde el punto de vista impositivo de ahorrar para la educación. Vea a un profesional

financiero que se especialice en impuestos para que le explique las maneras en que puede ahorrar para la universidad. Para usted, la educación profesional continua es un gasto deducible de impuestos. Su profesional financiero le puede ayudar a evaluar qué es deducible y qué no lo es.

► **Transfiera su riqueza a sus seres queridos eficaz y efectivamente.**

Estrategia: Cree un plan legal y financieramente sólido que deje en claro sus deseos y que transfiera la mayor cantidad posible de su riqueza a su familia cuando usted fallezca.

Sistema: Aquí mi consejo es ver a un abogado que se especialice en sucesiones. (No vea a un notario si está viviendo en Estados Unidos. En este país los notarios no son abogados como lo son en varios países latinoamericanos.) Dependiendo de su situación, preparar un simple testamento o fondo de sucesión no le tiene que costar mucho dinero, pero le puede ahorrar a su familia miles cuando llegue el momento. Sin embargo, asegúrese de que su abogado se especialice en leyes de sucesión. ¿Por qué? La mayoría de las veces es peor preparar un mal testamento o fondo de sucesión que no preparar uno. Yo les digo a mis clientes que si preparan una declaración de impuestos equivocada siempre pueden arreglarla, pero que no pueden arreglar un mal testamento o fondo de sucesión una vez muertos.

Sus estrategias son ideas sobre cómo hacer algo; los sistemas son la implementación. Ideas más acción es igual a sabiduría, y la sabiduría es la implementación de estrategias y sistemas. Las estrategias y los sistemas, juntos, crean elegantes soluciones para alcanzar sus resultados ideales en el camino a la grandeza financiera.

Paso 8: ¿Qué Sistemas Prácticos Tengo que Establecer?

Para cada meta, responda las siguientes preguntas. Escriba las respuestas en una hoja de papel o en su cuaderno, preferiblemente junto a la meta apropiada.

▶ *Para cada una de las estrategias que creé en el Paso 7, ¿qué sistemas puedo establecer para que mis metas sean más fáciles de alcanzar?*

Recuerde, un buen sistema hace que el progreso hacia su meta sea automático; usted ni siquiera tiene que pensar en ello. Sus sistemas deben ser muy prácticos. Para establecer algunos sistemas se requiere un poco más de esfuerzo, pero una vez implementados, la exigencia disminuye.

▶ *¿Cuál de los sistemas para las 11 estrategias básicas de planificación financiera que aparecen en este capítulo necesito implementar en mi vida ahora?*

Tiene plena libertad para adoptar cualquiera de los sistemas o estrategias que aparecen en este capítulo. He comprobado que son muy efectivos para decenas de mis clientes, y creo que también funcionarán para usted.

Usted sabe exactamente adónde va y cómo llegar allí (estrategias), y ha creado planes para un "vehículo" (sistemas) que lo llevará a su destino a lo grande. Ahora es el momento de iniciar el viaje. Antes de pasar al Paso #9, debe disponerse a *entrar en acción*. Implemente tantas de las estrategias y sistemas como pueda en las próximas dos semanas. La clave del éxito es una acción constante. Siga el mapa del recorrido que ha creado. No se deje tentar por desvíos: mantenga la atención en sus metas.

Y mantenga su "vehículo" lleno con el combustible de la motivación producida por sus áreas de concentración, funciones y valores. ¿Por qué quiere alcanzar estas metas? Porque son importantes para usted como padre, esposo, empresario. Porque usted valora su familia, su espiritualidad o su éxito. ¿Cuánto más fácil es invertir esos $25 en vez de gastarlos si sabe que van a comprarle una casa en cinco años o pagarle a su hija la universidad? Piense en sus áreas, funciones, valores y metas al menos una vez al día para mantenerse entusiasmado y motivado.

Ahora bien, como en la mayoría de los viajes, es importante mantener un registro de cuánto se ha avanzado en el camino para saber cuánto le falta para llegar a su destino. De eso se trata el Paso #9: de verificar su progreso mientras recorre su camino. Y, ya que estamos en esto, felicitaciones por el progreso que ha hecho en este libro. Ya casi ha llegado, su plan para crear la grandeza financiera está establecido y usted está en camino.

Paso #9

Verifique su Progreso Mientras Avanza

Imagine que está de viaje con su familia un fin de semana. Van a visitar a su hermana Lupe, que vive a unas cinco horas de carretera. Empacan sus maletas, llenan el tanque de gasolina, consiguen un buen mapa y salen temprano un sábado por la mañana. Usted sabe cuándo quiere ir, y sabe qué ruta va a tomar, también sabe cuánto tiempo le va a llevar llegar a la casa de Lupe (dependiendo del tráfico). Mientras está viajando, usted compara la distancia que ha recorrido con el tiempo que pensó que le iba a tomar recorrer esa distancia. Le tomó una hora recorrer cincuenta millas, por ejemplo. O tal vez se encontró con un tapón y no ha avanzado tanto como usted pensaba, por lo que sale de la ruta y llama a Lupe para avisarle que van a llegar tarde. O quizás prueba una nueva ruta que le ahorra quince millas del recorrido, lo que le permite llegar a la mitad del camino mucho más rápidamente. Pero, a lo largo del camino usted verifica constantemente su progreso, de su casa a la casa de Lupe. Está evaluando cuánto ha avanzado, cuánto le falta para llegar y cuánto tiempo está tomando el viaje.

De esto trata el Paso #9: de verificar su progreso a lo largo del camino a la grandeza financiera. Especialmente cuando se trata de finanzas, la medición y verificación constantes son habilidades críticas para evaluar el viaje. Es como tener en su vehículo una de esas computadoras que llevan la cuenta de cuántas millas recorre por galón. Usted sabe cuánto poder está obteniendo por el dinero (la gasolina) que está poniendo en su "vehículo financiero" y cuánto más va a necesitar para llegar a su destino final.

Cuando usted verifica su progreso financiero, está evaluando si lo que está haciendo funciona. Para esto, se hace dos preguntas fundamentales: "¿Dónde estoy ahora?" y "¿dónde estoy en relación con mi meta o resultado ideal?" Si no está avanzando como pensó que avanzaría, tiene que hacer algunos ajustes. Si no está ahorrando lo suficiente cada mes para hacer el pago inicial de su casa, por ejemplo, entonces necesita ver cómo puede cambiar lo que está haciendo en ese momento. ¿Puede recortar más sus gastos? ¿Conseguir un segundo trabajo? ¿Tal vez investigar un préstamo más grande o ver si puede comprar la casa que quiere, aun si el pago inicial es más pequeño?

Verificar su progreso frecuentemente es algo crítico, porque si espera demasiado puede terminar completamente fuera de curso y perder tiempo y energía valiosos. Si alguna vez hizo un viaje en avión, se ha beneficiado de la verificación frecuente que el piloto realiza del progreso que está haciendo el avión. Si el piloto no verificara el progreso del avión frecuentemente, haciendo pequeños ajustes para mantener al avión en curso, ¡usted podría terminar a centenares de millas de donde se suponía que tenía que aterrizar! No le conviene perder tiempo y energía en volver a retomar la ruta en su "vuelo" a la grandeza financiera. Usted necesita continuar verificando su propio progreso de manera regular para asegurarse de que su propio vuelo está en curso.

¿Cuál es la mejor manera de verificar su progreso? *Establezca por anticipado pautas para evaluar si está en el curso correcto.* Piense en esto como si fueran grados en la escuela o las escaleras de un edificio o una casa. Si no hubiéramos pasado por los grados primero, segundo, tercero, cuarto, y así sucesivamente, sería mucho más difícil evaluar el progreso de nuestros hijos, ¿no es cierto? Pero con los niveles de grados, podemos reunir los elementos adecuados para la edad, y enseñar a los niños de manera organizada. También podemos decir si los niños están aprendiendo en forma correcta las materias en cada grado. Al construir una casa, si no tuviéramos tareas específicas que necesitan completarse en un cierto orden, tal vez nunca terminaríamos el trabajo. Pero nosotros sabemos que tenemos que construir los cimientos para una cierta fecha, para poder poner entonces el piso, luego levantar el armazón para las paredes, luego instalar el cableado, después poner las paredes, etc. Un buen constructor conoce estas pautas, establece fechas por adelantado para realizarlas y luego verifica el progreso del trabajo a intervalos regulares.

Un par de ejemplos de pautas financieras específicas son:

1. Un cierto porcentaje de dinero ganado a dinero ahorrado. Por ejemplo, su meta podría ser ahorrar 10 por ciento de sus ingresos. Esa es su pauta. Por lo que, cada mes, usted puede ver si ha separado 10 por ciento de los ingresos de ese mes.

2. Un número específico de activos invertidos para una fecha específica. Por ejemplo, "Para cuando tenga cincuenta años, tendré $150,000." Para esta meta, usted tendrá que establecer una *serie* de pautas, lo que lo llevará a acumular esa cantidad para esa fecha. Va a tener que ser muy claro sobre cuánto va a tener que invertir cada año para tener los $150,000 al llegar a los cincuenta años. Es como el piloto corrigiendo el curso del avión: es más eficaz y eficiente medir frecuentemente y hacer muchas correcciones pequeñas en vez de esperar y tener que hacer una corrección grande más tarde en el vuelo. De la misma manera, si usted mide cuánto ha invertido cada año (y aun cada trimestre), puede hacer pequeños ajustes que le ayudarán a alcanzar su meta de $150,000 más fácil y eficientemente.

Si, por alguna casualidad, usted se sale de curso durante su viaje a la grandeza financiera, hay varios remedios. Primero, vuelva atrás y revise las estrategias y sistemas que creó en los Pasos #7 y #8. Podría ser que hubiera mejores maneras de alcanzar sus metas. Segundo, pida a alguien que le ayude a determinar si lo que usted está haciendo es lo apropiado. En este caso le sugiero, es más, insisto en que consulte a un asesor profesional. No pida consejos a gente que no tiene ninguna experiencia, nadie puede enseñar algo que no ha hecho. Además, recuerde que lo que se consigue siempre va en relación con lo que se ha pagado. Si usted desea la grandeza financiera, busque el consejo de alguien que se gane la vida ayudando a otros a alcanzar sus metas financieras. Consultar a un profesional financiero es como hablar con un piloto profesional: la cantidad de conocimientos que él tiene, basados en muchas horas de vuelo, es enorme. Si usted quiere aprender a volar financieramente, acuda a los profesionales. Ellos le darán ideas para estrategias y sistemas en las que usted nunca pensó.

Si cambia sus estrategias y sistemas y todavía no obtiene los resultados que quiere, puede deberse a su motivación. Vuelva atrás y revise las áreas de mayor concentración, funciones y valores de su vida para ver si la meta que ha elegido es realmente tan importante para usted ahora, como lo era cuando la hizo una prioridad. Si el *"por qué"* no es lo suficientemente grande, usted nunca encontrará el *"cómo."* ¿Cómo podría? Sus razones no serán suficientemente poderosas para crear la energía necesaria para que usted alcance el fin de su viaje.

En verdad, la mejor manera de verificar el progreso de su viaje a la grandeza financiera es con pautas internas. Cuando usted mida sus esfuerzos regularmente, hallará que siente ciertas emociones. Estas señales internas incluyen:

- Paz mental
- Una sensación de calma
- Un sentimiento de felicidad
- Niveles más bajos de estrés
- Relaciones más estrechas y profundas con sus seres queridos
- Más equilibrio e integridad en su vida

Maravillosos premios por sus esfuerzos, ¿no es verdad? Y cuanto más verifique, más fácil se le hará sentir estas emociones de manera regular.

Sin embargo, preste atención, el viaje a la grandeza financiera no es algo que se logra en una semana, un mes, un año, por lo que usted no puede hacer mediciones todos los días y esperar ver grandes resultados. Cuando usted era joven, ¿alguna vez se midió para ver cuánto había crecido? Tal vez estaba tan impaciente que les pidió a sus padres que lo midieran todos los días (tal vez cada hora) para ver si había crecido desde la última vez. Si usted se midiera con tanta frecuencia, ¿podría notar la diferencia? Probablemente no. Pero si esperara un mes o tres meses, con seguridad notaría algún tipo de cambio. El crecimiento financiero, como el crecimiento de un niño, es un proceso gradual. Pero si usted lo mide de una manera regular, verá cuánto es posible crecer en lo que parece un período de tiempo relativamente corto.

Paso 9: Verifique su Progreso Mientras Avanza

Para cada meta, responda las siguientes preguntas. Escriba las respuestas en una hoja de papel o en su cuaderno, preferiblemente junto a la meta apropiada.

▶ *¿Qué pautas específicas necesito establecer para avanzar de manera constante hacia esta meta?*

Las pautas podrían incluir (1) una cantidad específica de dinero a ahorrar, (2) un porcentaje específico de ingresos ahorrados, (3) acciones específicas a tomar (elegir un profesional financiero, por ejemplo, o abrir una cuenta de inversión o establecer una deducción automática de su sueldo para invertir en una cuenta de jubilación). Decida qué pautas necesita establecer para poder evaluar su progreso hacia esta meta en particular.

▶ *¿Cuándo evaluaré mi progreso? ¿Con qué frecuencia lo verificaré?*

Esto dependerá de las pautas que usted haya elegido. Si le pagan cada semana, tal vez quiera verificar su progreso cada semana. Si sus pautas tienen que ver con acciones específicas, establezca una cantidad razonable de tiempo para lograr lo que se propuso. Sin embargo, le recomiendo que la cantidad de tiempo esté entre uno y tres meses. Si verifica su progreso hacia una meta menos de cuatro veces por año, corre el riesgo de haberse salido de su curso para cuando haga la verificación.

Cuando se trata de verificar su progreso basándose en pautas específicas que usted ha elegido, hágase las siguientes preguntas.

▶ *¿Dónde estoy ahora? ¿Es donde dije que iba a estar en mi camino hacia esta meta?*

Sea sincero. Éste no es el momento de dar excusas o razones por las que usted no logró lo que dijo que iba a lograr. Simplemente haga la evaluación más clara y limpia de dónde se encuentra en relación con dónde dijo que iba a estar.

▶ *¿Qué más necesito hacer o qué necesito hacer de manera diferente para lograr el progreso que quiero?*

Si ha alcanzado su pauta, ¡felicitaciones! Tal vez quiera analizar lo que está haciendo y ver si hay una manera en que pueda obtener aun mejores resultados, aun más rápidamente. Si no ha alcanzado su pauta, éste no es el momento de ser duro consigo mismo. Eso no le va a ayudar. Sin embargo, sí es el momento para evaluar lo que está haciendo, darse cuenta de qué es lo que no está funcionando y cambiar su enfoque. Primero, estudie su motivación. Vuelva atrás y revise las áreas de mayor concentración, funciones y valores de su vida para ver si la meta que ha elegido es verdaderamente tan importante para usted como cuando la hizo una prioridad por primera vez. Si no lo es, cambie la meta o entusiásmese más sobre lo que va a significar esta meta en su vida. Segundo, estudie sus estrategias y sistemas para ver si hay algo que usted pueda hacer, cambiar, mejorar o eliminar. Si lo hay, tal vez le convenga consultar a un profesional financiero para que le ayude a crear estrategias y sistemas más efectivos que lo ayudarán a alcanzar sus metas.

Yo creo que si usted sigue los pasos de este proceso y obra en forma metódica, encontrará que verificar su progreso es un paso que lo llenará de alegría. Verá si lo que está haciendo funciona bien. También puede hacer correcciones temprano, cuando es fácil hacerlas. Y tendrá más oportunidades de conectarse emocionalmente con el valor de su progreso, tanto en su vida como en la vida de su familia. Estará listo para el último paso en su viaje a la grandeza financiera.

Paso #10

¡Celebre y Comparta su Éxito!

Este último paso no sólo lo mantendrá en el camino correcto, sino que también le ayudará definitivamente a no perderse en su viaje por la vida. ¿Hubo alguna ocasión en que no supo qué hacer? ¿Ha alcanzado alguna meta y se ha preguntado qué era lo siguiente? ¿Cómo se sintió? La mayoría de la gente vive su vida ansiosa, frustrada, preocupada y estresada. Estas emociones negativas causan un tremendo dolor, especialmente si están acompañadas por un sentimiento de que estamos viviendo la vida sin un propósito. Pero cuando usted sigue los 10 pasos, cuando usted sabe qué es importante para usted y por qué es importante, cuando tiene estrategias y sistemas claros y verifica su progreso, usted tiene muchas más probabilidades de vivir una vida significativa, una vida de la que puede estar orgulloso cuando llegue a su destino final.

El Paso 10 es uno de los pasos más importantes de todo el proceso, y sin embargo uno que frecuentemente olvidamos o al que no prestamos atención. Nos compenetramos tanto en el viaje que no alzamos la vista para darnos cuenta de que hemos llegado. Aun cuando los hemos realizado, no damos gran importancia a nuestros logros porque ya estamos trabajando en la siguiente meta, la siguiente tarea o el siguiente proyecto. Finalmente hemos ahorrado el dinero para el pago inicial, por ejemplo, pero ahora estamos concentrados en el proceso de comprar la casa. Pusimos el último dólar en el fondo para la educación del hijo mayor, sólo que ahora nos preocupa pagar la educación del siguiente. De esta manera, no gozamos el momento más importante de nuestra vida.

En verdad, cuando no hacemos un alto para celebrar nuestros triunfos, saboteamos nuestros propios esfuerzos. Los premios más grandes a lo largo del viaje a la grandeza financiera no tienen nada que ver con el dinero; se trata de nuestras emociones. El dinero no es el fin, sólo el medio, el combustible para nuestro viaje. Como usted recuerda, los tres primeros pasos de este proceso trataron de la motivación, de crear suficientes emociones positivas para continuar avanzando hacia nuestras metas. Bien, la emoción es tan importante al final como lo fue al comienzo. Celebrar le da la clase de premio emocional que hará que usted quiera continuar trabajando para sus metas, ya sea ésta o alguna otra.

La celebración es también una excelente manera de involucrar a sus seres queridos en sus metas y resultados. Mucha gente desgraciadamente alcanza metas en su vida sin tener a nadie con quien compartirlas. Como expliqué en la Primera Parte de este libro, mucha gente llega a un cierto nivel de éxito y sin embargo hallan que no tienen a nadie con quien compartirlo. Terminan preguntándose, "¿Y esto es todo?" Esa clase de éxito no es la gran-

deza financiera. Yo creo que la grandeza financiera es para com-
partirla y celebrarla con la gente que queremos. La verdadera
grandeza financiera es saber que usted alcanzó todas sus metas
más importantes viviendo con un propósito y con sentido, rodeado de gente que usted ama y que lo aman a usted. ¡Y eso es razón
para celebrar!

Pero, éste es el verdadero secreto del Paso 10: usted tiene que
planear su celebración por anticipado. De esa manera, conti-
nuará motivado para progresar. ¿Ha planeado alguna vez una
fiesta para celebrar un cumpleaños, aniversario, bautizo u otro
acontecimiento importante de la vida? ¿No es el entusiasmo y alegría de planearlo una gran parte de toda la experiencia? ¿Acaso el
proceso de planificación no lo hizo sentirse feliz, ansioso e impaciente por la llegada del día importante? Y cuando tuvo lugar la
fiesta, ¿no fue fabuloso estar celebrando, rodeado de personas a
las que usted quiere? Es lo mismo con la planificación de la celebración por haber alcanzado su meta. Esas miras para su futuro y
la anticipación de compartir su éxito con la gente que usted
quiere, hará que esté aún más entusiasmado para alcanzar la
grandeza financiera.

Otro factor que es un gran motivador en el viaje a la grandeza
financiera es no esperar hasta el fin para celebrar, sino hacer
pequeñas celebraciones a lo largo del camino. ¿Recuerda esas
pautas que usted se estableció en el Paso #9? ¿Por qué no celebrar
cuando las alcanza? Cuando alcance su meta de separar 10 por
ciento de sus ingresos del mes, por ejemplo, haga algo especial
para usted y su familia. Cuando alcance sus metas para ahorrar
una cierta cantidad para cuando se jubile, haga una fiesta "preju-
bilación." Aun simples premios y celebraciones, como tarjetas,
salidas, un día en la playa o en el bosque, etc., lo pueden mantener motivado para hacer más y alcanzar sus metas.

Para algunas metas es un poco más difícil decir, "¡Sí! ¡Lo logré! ¡He realizado lo que me propuse!" Las metas financieras a veces son fáciles de medir, pero ¿qué pasa con las metas que tienen que ver con relaciones? Por ejemplo, ¿cuándo sabe usted que ha alcanzado una gran relación con su cónyuge o sus hijos? Por esto es tan importante ser muy, pero muy especifico en el Paso #4, cuando usted crea sus metas. Si hay otra gente involucrada en sus metas, tal vez usted quiera su opinión sobre lo que serán sus metas y qué sentirán todos cuando alcance esas metas. ¿Cómo va a saber su cónyuge que su relación es mejor? ¿Cómo van a saber sus chicos que usted es un mejor padre? Entonces, sí podrá verificar su progreso en esta meta (Paso #9), establecer pautas y ¡estar listo para celebrar cuando llegue el momento! (Es más, el Paso #4 es también un muy buen momento para planear la celebración que tendrá en el Paso #10.)

Y por último, y de gran importancia: Nunca avance hacia una nueva meta en esta área hasta haber celebrado la meta que acaba de alcanzar. Si su meta fue conseguir un mejor trabajo, haga una fiesta antes de comenzar el nuevo trabajo. Si su meta fue adelgazar veinte libras, haga algo para celebrar antes de empezar a luchar con las próximas diez libras. Tiene que recompensarse emocionalmente por sus logros, porque las recompensas emocionales son lo que en verdad estamos tratando de lograr. Cuando usted se da a usted mismo la oportunidad de hacer sonar las campanas, de felicitarse y, lo más importante, de compartir su éxito y alegría con sus seres queridos, no sólo disfrutará de haber llegado a su destino, sino del proceso que lo llevó allí.

Alguien dijo una vez, "La espera es el mejor aderezo de una comida." La espera de la celebración es la mejor recompensa que conozco para hacer el viaje a la grandeza financiera lo más placentero posible a cada paso del camino.

Paso 10: ¡Celebre y Comparta su Éxito!

Para cada meta, conteste las siguientes preguntas. Escriba las respuestas en una hoja de papel o en su cuaderno, preferiblemente junto a la meta apropiada.

▶ *¿Cómo voy a celebrar mi éxito cuando alcance esta meta?*

Asegúrese de que su celebración sea algo que usted realmente vaya a disfrutar y pueda anticipar con placer. ¿Quiere hacer una fiesta? ¿Regalarse algo especial? ¿Enviar un anuncio? ¿Tomarse una vacación o descanso? Cualquiera que sea su celebración, asegúrese de que tenga significado para usted.

▶ *¿A quién quiero incluir en mi celebración?*

Compartir una celebración con sus seres queridos es realmente especial. Tal vez usted quiera invitar a los que le ayudaron con esta meta en particular, o sólo a aquellos que a lo largo del camino aportaron algo a su vida.

▶ *¿Qué mini celebraciones puedo planear para cuando alcance algunas de las pautas que establecí en el Paso #9?*

Es importante que cada celebración lo haga sentir realmente bien sobre sus esfuerzos hasta ese momento, a la vez que lo mantiene motivado para continuar su progreso hacia su última meta.

¡Felicitaciones! Usted ha logrado algo realmente importante. Ha tomado lo que una vez fue un sueño y lo ha convertido en una realidad tangible. Usted se encuentra entre los muy pocos de este mundo que han tomado acción en vez de perder el tiempo en excusas. Ha abierto un camino al último destino de la grandeza financiera, y "El Dorado" que alcanzó al final no es sólo la abundancia financiera, sino la abundancia en cada área importante de su vida. Ya está listo para el último y más importante secreto, el que le ayudará a extenderse más allá de su éxito actual. ¡Pase a la siguiente página para descubrir el último secreto!

La Grandeza Financiera es Sólo el Comienzo

¿Recuerda los pasos en el camino a la grandeza financiera? ¿Supervivencia, lucha, estabilidad, éxito y, finalmente, la grandeza financiera? Bueno, si bien cada uno viaja en "caminos" similares, tengo la esperanza de que a esta altura se haya dado cuenta de que la versión de cada uno de la grandeza financiera será un poco diferente, dependiendo de las funciones, valores y metas que cada uno tiene. Yo puedo sentir que he llegado cuando tenga una hermosa casa en un buen vecindario, un matrimonio sólido, suficiente dinero en el banco para pagar la educación universitaria de mis hijos y para tener una buena jubilación. Para mi prima Carmen podría ser un negocio de un valor de $3 millones, una magnífica casa y una casa de vacaciones y viajes a Europa dos veces al año. Para otros, podría ser buena atención médica, un ingreso seguro cuando estén jubilados y poder comprarles helados a sus nietos de vez en cuando. Cada uno es diferente, pero, de alguna manera, todos sabemos cuándo hemos llegado al lugar que llamamos grandeza financiera.

Recuerde nuestra definición original: La grandeza financiera es una abundancia de amor, confianza en uno mismo y dinero. Es tener la valentía de vivir la vida que uno sueña, saber que su vida es importante. En última instancia, es un estado mental que está basado en una visión clara de qué quiere usted llegar a ser. A lo largo de este libro, lo he conducido a través de un proceso diseñado para crear el estado mental de grandeza financiera. Una vez que usted desarrolle este estado mental, tomar las acciones necesarias para crear esa abundancia de amor, confianza en sí mismo y dinero se hace fácil. Usted sabe adónde quiere ir, por qué quiere hacerlo y cómo llegar allí. Después, hacer de sus sueños de grandeza financiera su realidad diaria es sólo una cuestión de esfuerzo y de tiempo.

Pero, ¿cómo sabemos que hemos llegado a nuestro destino? Cuando viajamos a algún sitio generalmente sabemos que hemos llegado porque hay algún cartel que nos dice que hemos llegado. ¿Cuáles son las señales que recibirá cuando haya llegado a su propia grandeza financiera?

Éste es el secreto: Las señales más ciertas no serán señales externas, como una gran casa, un negocio exitoso o dinero en el banco. Sus señales más ciertas serán internas; serán lo que sienta sobre usted mismo y su vida. Además de ver una abundancia de riquezas, usted sabrá que ha llegado cuando sienta una profunda paz mental, alegría, felicidad, abundancia y confianza en sí mismo. Usted sabrá que ha llegado cuando no sienta envidia, celos, culpa y miedo. Estas señales internas son los mejores indicadores para que usted sepa que ha llegado al lugar de la grandeza financiera. Porque, en última instancia, la grandeza financiera tiene mucho menos que ver con lo que usted tiene y mucho más con lo que usted ha llegado a ser.

He conocido a mucha gente que tiene montones de dinero pero vive una vida miserable, y mucha gente pobre que vive una vida feliz. La miseria y la felicidad tienen muy poco que ver con el dinero; pero tienen mucho que ver con la riqueza que nos da sentirnos realizados. Una vida financieramente grande es algo que le permite a usted vivir su vida ideal, la vida para la que usted acaba de crear un mapa a lo largo de este libro. Cuando usted sepa que está viviendo la vida que ha diseñado, una en la que usted está tratando de alcanzar los sueños que son importantes para usted y para los que usted ama, entonces sabrá que es verdaderamente feliz.

Es su Vida, Es su Opción

Imagine que es un hermoso día de primavera y que usted va en camino a un lugar especial. Entra en una habitación decorada con buen gusto, con gruesas alfombras y ricas cortinas. Se oye una música suave. Mira a su alrededor y ve que toda la gente que usted quiere y conoce también está allí. Después, nota cerca de una de las paredes de la habitación una caja grande, rectangular, de madera. Es un ataúd. Usted camina hacia la caja y mira adentro, ¡y se ve dentro de ella! Está en su propio velorio. Todos se sientan y luego, uno por uno, la gente que en vida estaba más cerca de usted se pone de pie y habla sobre usted. Son completamente sin-

ceros; hablan de sus virtudes y de sus defectos. Comparten todos
los detalles de su vida, incluyendo qué sintieron por usted. ¿Qué
diría esta gente? Si su funeral ocurriera mañana, ¿cómo describi-
ría su vida hasta ahora esa gente? Si ocurriera de aquí a veinte
años, ¿de qué parte de su vida le gustaría que hablaran: de sus
logros, sus relaciones, de cómo lo veían, de sus contribuciones?

Este ejercicio mental es un gran recordatorio del destino final
de todos nosotros. No importa el camino que tomemos, si llegamos a la grandeza financiera o nos quedamos en el pantano de la
lucha y la supervivencia, todos terminamos en el mismo punto. Lo
que realmente importa es lo que hacemos con nuestra vida antes
de que se digan las elegías. Y eso depende completa y únicamente
de nosotros. La única manera de recorrer el camino a la grandeza
financiera, o cualquier otro tipo de grandeza, es darse cuenta de
que *nosotros* controlamos las cosas, que nosotros tenemos que decidir cómo vamos a vivir cada día y luego vivirlo de la mejor manera
posible, de acuerdo con el diseño que hemos creado para nosotros
mismos. No podemos dejar que las circunstancias dicten nuestros
sueños o entorpezcan nuestros esfuerzos. Hay un viejo dicho,
"Cada cual labra su propio destino." Cuando usted sabe que está viviendo una vida en la que está siguiendo sus sueños, y que esos sueños mejoran no sólo su vida sino también la de sus seres queridos,
la de su comunidad y quizá hasta el mundo entero, entonces, de alguna manera, el fin del camino se ve mucho más luminoso. Sus
elegías estarán llenas de amor y de apreciación por una vida llena
de grandeza que hizo una diferencia. Y usted podrá observar todo
con orgullo y gran paz mental; sabiendo que el mundo es un lugar
mejor porque usted pasó por él.

Pero el fin está determinado por cada opción que hacemos a
lo largo del camino. Y también depende de que alcancemos nues-

tras metas en forma constante y metódica y de que luego establez-
camos otras nuevas. En verdad, la grandeza financiera no es un
destino. Es un proceso. No llegamos a la grandeza, nos hacemos
grandes. Y cuando somos grandes, sabemos que cada meta con-
tiene en sí misma las semillas de un sueño aún más grande. El
secreto de la grandeza es siempre esforzarnos más, por nosotros y
por lo que creemos que podemos realizar. No le estoy diciendo
que nunca debe darse por satisfecho; tiene que disfrutar de sus
logros o nunca querrá alcanzar nada más. Pero los que entienden
qué es la verdadera grandeza saben cómo celebrar y disfrutar de
su éxito, aun cuando anticipan el próximo paso adelante.

Ése es el verdadero secreto de una gran vida: La gente verdaderamente feliz ha aprendido a disfrutar del viaje. Entonces, esto
es lo último que le pido. Tengo la esperanza de que usted tome
estos 10 pasos y los use para comenzar su propio viaje a la grandeza financiera. Pero más que eso, tengo la esperanza de que
usted encuentre tantas maneras como pueda de disfrutar de cada
paso, sin que importe si es grande o pequeño, trivial o importante, fácil o difícil, rápido o lento. Lo desafío a usar la creatividad
y la energía que Dios nos ha dado a cada uno de nosotros para
convertir su viaje a la grandeza financiera en un viaje de descubri-
miento, risas y alegría. Cuando usted pueda seguir cada una de
sus metas con emoción, cuando enfrente las tareas más difíciles
con entusiasmo, cuando cumpla los compromisos que ha contra-
ído consigo mismo y con otros con una sonrisa en su rostro y alegría en su corazón y, sí, cuando supere esos momentos naturales
de pereza o miedo o desaliento al tener siempre presente en sus
pensamientos el placer que le dará alcanzar su última meta,
entonces su viaje lo enriquecerá mucho más que cualquier otra
riqueza material que pueda acumular a lo largo del camino. Y su

éxito estará asegurado, porque su riqueza externa simplemente será una reflexión de los tesoros más grandes que usted tiene adentro.

Espero con impaciencia tener noticias de usted mientras avanza por el camino a la grandeza financiera. Como dijo César Chávez, "Sí, se puede." Y yo también le digo, ¡Sí, usted puede!

Tercera Parte

Listas de Verificación,
Hojas de Trabajo y
Recursos

Los Errores Financieros Más Comunes que Cometen los Latinos

Mientras que usted tal vez no se encuentre entre los que cometen estos errores, muchos latinos caen en estas trampas comunes cuando se trata de ganar y administrar dinero. Junto a algunos de estos errores, usted encontrará una referencia al capítulo específico de este libro en el que hablo sobre los factores que causan estos errores, y sobre algunas maneras diferentes en que los latinos podemos encarar nuestras finanzas. Recuerde el dicho, "Saber es poder." Al saber más sobre estos errores, tengo la esperanza de que los evite.

Los latinos...

- Buscan consejos de la gente incorrecta (Barrera #3).
- Consideran que el precio es más importante que la

capacídad. Buscan a la persona que les va a dar el mejor precio (quieren regatear) (Barrera #8).

■ Sienten vergüenza de hacer preguntas porque no quieren parecer tontos (tienen vergüenza), o simplemente no quieren ser una molestia (no quieren molestar) (Barreras #3, #4 y #5).

■ Trabajan con dinero en efectivo, no confían en los bancos y no tienen cuentas bancarias (Barrera #2).

■ Creen que si pagan el doble de la factura de una tarjeta de crédito el mes que viene porque no pagaron la cuenta del mes anterior, no arruinarán su crédito (Barrera #4).

■ Financian artículos grandes (carros, casas, muebles) sin entender los términos y documentos que firman (Barrera #4).

■ Salen como avales de parientes y amigos que tienen mal crédito (Barrera #4).

■ Creen que la lotería es una inversión (Barrera #8).

■ Creen que si invierten en el 401(k) de su compañía, algún día la compañía podría sacarles el dinero (Barrera #1).

■ Creen que el "mejor" preparador de declaraciones de impuestos es el que les consigue el reembolso más grande (Barrera #3).

■ Creen que un reembolso impositivo es un plan de ahorro importante (Pasos #8 y #9).

■ Involucran a su familia en estratagemas de mercadeo de nivel múltiple sin investigar adecuadamente a las compañías (Barrera #8).

■ Les gusta tomar atajos (conocen todas las movidas) (Barrera #8).

- No preparan un testamento o un fondo de sucesión, ni compran seguros de vida porque tienen miedo de hablar de la muerte. Creen que tan pronto hagan algo al respecto, morirán (Pasos #7 y #8).

Los Errores Financieros Más Comunes

En la última lista, le presenté algunos errores específicos que cometen los latinos debido a su cultura, pero hay muchos otros errores que todos cometemos. Nuevamente hago referencia a los lugares en donde hablo de estos riesgos. Proteja su futura grandeza financiera evitando estos errores.

La mayoría de la gente...

- No tiene un plan financiero escrito (Barreras #7 y #8).
- No tiene ahorros para emergencias (Pasos #7 y #8).
- Compra el tipo y la cantidad incorrecta de seguros (Pasos #7 y #8).

- Compra seguros de vida como una inversión (Barrera #3).
- Cree que ganar más dinero los hará más ricos (Pasos #7 y #8).
- Gasta más de lo debido y compra cosas por impulso (Pasos #7 y #8).
- Invierte antes de conocer cuáles son sus metas: el enfoque "preparen, fuego, apunten" (Pasos #7 y #8).
- Hace inversiones que no entiende (Barrera #2).
- Decide hacer, o no hacer, inversiones basándose en emociones (Paso #7).
- Cree en gurus de inversiones (Barrera #2).
- Cree que puede prever los altibajos del mercado (Paso #7).
- Cree en los amigos que dicen tener datos seguros del mercado e invierte en ellos (Barrera #8).
- No participa en el plan de pensión de su empleador (Barrera #1).
- Espera demasiado para comenzar su plan de pensión (Barrera #9).
- Rara vez revisa las carteras de inversiones de su plan de pensión (Pasos #7 y #8).
- Cree en la filosofía del, "Nunca me ocurrirá a mí" (Barrera #7 y Paso #7).
- Es indeciso y no implementa acciones porque va a "esperar hasta más adelante," tiene miedo o ignora lo que debiera saber (Barreras #1, #4 y #5).
- No establece un testamento o fondo de sucesión (Pasos #7 y #8).
- Nombra a sus hijos menores de edad como beneficiarios (Pasos #7 y #8).

- Es desorganizado y no sabe dónde están todos sus documentos financieros importantes (Pasos #7 y #8).

- Se concentra muy poco, o demasiado, en el dinero (Paso #1).

Este camino lleva a la pobreza y a la dependencia financiera. ¡No deje que le ocurra a usted!

Lista de Verificación Para el Camino a la Grandeza Financiera

Mientras que la segunda parte de este libro presenta una guía de 10 pasos para alcanzar la grandeza financiera, usted puede usar esta lista de verificación para asegurarse de que ha prestado atención a todos los puntos importantes al iniciar su camino.

Los que ya tienen (o llegarán a tenerla) grandeza financiera proceden de la siguiente manera. Son los que...

- Tienen un plan financiero escrito basado en las áreas de mayor concentración, funciones y valores de su vida (Pasos #1 a #8).
- Están organizados y saben dónde está toda su información financiera más importante (Pasos #7 y #8).

- Tienen un presupuesto y viven de acuerdo a sus medios (Pasos #7 y #8).

- Se pagan primero a sí mismos cada período de pago (Pasos #7 y #8).

- Establecen y ponen dinero en una reserva para emergencias (Pasos #7 y #8).

- Pagan sus tarjetas de crédito todos los meses (Barrera #4).

- Revisan su informe de crédito anualmente (Barrera #4).

- Compran el tipo y la cantidad correctas de seguros (de vida, salud, incapacidad, automóvil, propietario y de cuidados a largo plazo) (Pasos #7 y #8).

- Se concentran en la planificación de impuestos, no sólo en la preparación de la declaración (Pasos #7 y #8).

- Entienden y usan sus beneficios de empleado (Barrera #1).

- Tienen la contribución máxima permitida retenida automáticamente de su cheque de sueldo y puesta en su cuenta de jubilación (Pasos #7 y #8).

- Invierten de acuerdo a sus objetivos financieros y tolerancia de riesgo (Barrera #2).

- Compran una casa (Paso #7).

- Ahorran para la educación universitaria de sus hijos (Pasos #7 y #8).

- Obtienen asesoría de expertos sobre cómo registrar sus activos o nombrar beneficiarios (Barrera 2, Pasos #7 y #8).

- Completan un testamento o un fondo de sucesión y financian el fondo (Pasos #7 y #8).

- Revisan sus finanzas (al menos) anualmente (Pasos #7 y #8).

- Completan su educación (invierten en sí mismos) (Pasos #7 y #8).

- Mantienen informado sobre sus finanzas a su pareja (Barrera #5).

- Enseñan a sus hijos sobre el dinero (Pasos #7 y #8).

- Contribuyen a su comunidad (Barrera #6).

- Trabajan con profesionales que son especialistas en su campo (Barrera #3).

- Hacen preguntas, preguntas y más preguntas (Barreras #5 y #4).

- Informan a las agencias apropiadas de cualquier conducta no apropiada por parte de vendedores financieros (Barrera #4, Tercera Parte).

- Leen, leen, leen (Barrera #4).

¡Use esta lista de verificación como su mapa de ruta para el viaje a la grandeza financiera!

Cuando el Vicks y una 7-Up a Temperatura Ambiente no Funcionan: ¿Qué Hacer si Siente que no lo Han Tratado con Honradez?

Cuando era niño y estaba enfermo, ¿cómo lo cuidaba su mamá? Estoy seguro de que lo ponía en la cama, le frotaba Vicks VapoRub en el pecho y le daba 7-Up a temperatura ambiente y sopa de pollo hasta que usted se sentía mejor. Sería hermoso si pudiéramos conseguir esa clase de cuidado amoroso cuando somos adultos, ¿no es verdad? Especialmente cuando sentimos que se han aprovechado de nosotros, que nos han engañado o nos han tratado con deshonestidad.

Si bien el cuidado no es tan personal como el que le dio su madre, hay lugares donde usted puede ir cuando tiene una queja. No vacile en llamar a cualquiera de las agencias apropiadas que presento más adelante. Asegúrese de tener todos sus registros delante de usted para poder expresar con claridad con qué negocio o persona tiene el problema y la naturaleza del desacuerdo.

Será conveniente que tenga ya una idea de la clase de solución que espera (que le devuelvan el dinero, por ejemplo, o anular un contrato).

Recuerde, la gente en estas agencias escuchan muchas, muchas quejas. Ellos no están interesados en lo que usted siente, sólo quieren los datos de la disputa. Sea tan claro y sincero como pueda, y luego vea lo que le sugieren.

Ésta es una lista de las agencias con las que puede ponerse en contacto sobre quejas:

Quejas sobre seguros: El Departamento de Seguros (Department of Insurance) de su estado.

Quejas sobre transacciones en bienes raíces: El Departamento de Bienes Raíces (Department of Real Estate) de su estado.

Quejas relacionadas con el trabajo: El Departamento de Trabajo (Department of Labor) y la Comisión de Igualdad de Oportunidades de Empleo (Equal Opportunity Employment Commission [EEOC]) de su estado.

Cualquier tipo de queja de negocios y su inversión en ellos: La Comisión de la Bolsa de Valores (The Securities and Exchange Commission [SEC]). Para informar de fraudes de inversión en Internet, póngase en contacto con la Comisión de la Bolsa de Valores en enforcement@sec.gov.

Quejas sobre profesionales financieros, como por ejemplo corredores de bolsa: La Asociación Nacional de Corredores de Bolsa (The National Association of Securities Dealers [NASD]).

Quejas sobre abogados: Colegio de Abogados (The Bar Association) de su estado.

Lista de Libros Recomendados

Estos son algunos de los libros que actualmente estoy recomendando a mis clientes. Podría también ir a librerías para ver si hay algunos otros libros más actualizados.

Everyone's Money Book por Jordan E. Goodman. Dearborn Trade, 2001.

The Millionaire Next Door: The Surprising Secrets of America's Wealthy por Thomas J. Stanley, Ph.D. y William D. Danko, Ph.D. Longstreet Press, 1996.

Personal Finance for Dummies por Eric Tyson. Hungry Minds, Inc., 2000.

The Richest Man in Babylon por George S. Clason. Dutton, 1988.

The Road to Wealth: A Comprehensive Guide to Your Money por Suze Orman. Riverhead Books, 2001.

Smart Couples Finish Rich por David Bach. Broadway Books, 2001.

Think and Grow Rich por Napoleon Hill. Fawcett Books, 1990.

Áreas de Concentración y Funciones Más Importantes de la Vida

Use este diagrama para escribir las áreas de mayor concentración que usted descubrió en el Paso #1. Algunas de las sugerencias para las áreas en las que usted quiere concentrarse incluyen: bienestar físico, relaciones, espíritu, intelecto, profesión, crecimiento personal, finanzas, caridad y bienes materiales. Debajo de cada área, escriba las funciones que usted desempeña en esa área. Bajo relaciones, por ejemplo, tal vez podría tener "cónyuge," "padre," "niño," "amigo," "compañero de trabajo," "empleado," "jefe," etc.

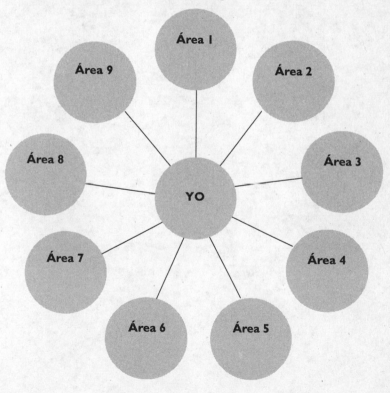

Valores Más Importantes de la Vida

Para cada área, escriba los valores que usted considera más importantes en esta parte de su vida (los que descubrió en el Paso #2). Si tiene un área profesional, por ejemplo, podría escribir valores como "éxito," "excelencia," "confiabilidad," "valentía," etc. Bajo el área de finanzas, podría tener "prudencia," "discernimiento," "educación," etc.

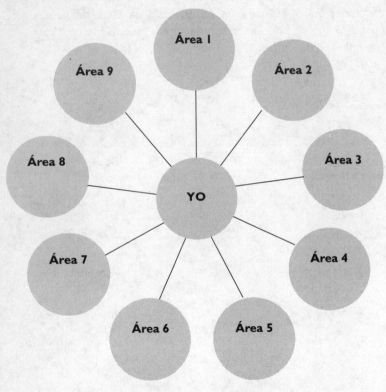

Plan de Gastos (Presupuesto)

Los números que usted ponga deben estar basados en lo que gasta actualmente para cada una de esas categorías. No olvide incluir lo que gasta usted, su cónyuge o persona importante en su vida y sus hijos, todos aquellos que usted considere parte de su familia.

(Vea la siguiente página.)

Nombre: _____

Fecha: _____

Categoría	Gasto	Saldo de préstamo	Cantidad	Cantidad mensual	Cantidad anual
Casa	Alquiler/hipoteca	$	$	$	$
	Hipoteca (Segunda o de renta variable)	$	$	$	$
	Otros préstamos sobre residencias	$	$	$	$
	Cuotas de asociaciones	$	$	$	$
	Seguro de vivienda (de inquilinos)	$	$	$	$
	Impuestos a la propiedad	$	$	$	$
	Mantenimiento	$	$	$	$
	Jardinero	$	$	$	$
	Ayuda doméstica	$	$	$	$
	Productos de la casa	$	$	$	$
	Muebles/instalaciones	$	$	$	$
	Decoraciones casa/fiestas	$	$	$	$
Servicios	Electricidad	$	$	$	$
	Agua	$	$	$	$
	Desechos (Basura)	$	$	$	$
	Teléfono	$	$	$	$
	Segundo teléfono (Internet)	$	$	$	$
	Teléfono celular/anunciador de llamadas	$	$	$	$
Automóvil	Préstamo automóvil/pago alquiler automóvil	$	$	$	$
	Seguro de automóvil	$	$	$	$

Categoría	Gasto	Saldo de préstamo	Cantidad	Cantidad mensual	Cantidad anual
Automóvil	Aranceles para registrar automóvil	$	$	$	$
	Gasolina	$	$	$	$
	Mantenimiento de automóvil/reparaciones	$	$	$	$
	Estacionamiento	$	$	$	$
	Transporte público	$	$	$	$
Niños	Manutención de niño	$	$	$	$
	Cuidado del niño/niñera	$	$	$	$
	Ropa del niño	$	$	$	$
	Gastos de educación/eventos	$	$	$	$
	Matrícula de estudios	$	$	$	
	Actividades fuera de currículo/maestros particulares	$	$	$	$
	Fondos para educación universitaria	$	$	$	$
Comida	Alimentos	$	$	$	$
	Desayunos en restaurante	$	$	$	$
	Almuerzos en restaurante	$	$	$	$
	Cenas en restaurante	$	$	$	$
	Cafés/batidos, etc.	$	$	$	$
Ropa	Ropa de trabajo	$	$	$	$
	Ropa de uso diario/misceláneos	$	$	$	$
	Zapatos/accesorios	$	$	$	$
	Tintorería	$	$	$	$

Nombre: _____

Fecha: _____

Categoría	Gasto	Saldo de préstamo	Cantidad	Cantidad mensual	Cantidad anual
Viajes	Vacaciones	$	$	$	$
	Viajes de un día/fin de semana	$	$	$	$
	TV por cable/película/alquiler de películas	$	$	$	$
	Conciertos/eventos deportivos	$	$	$	$
	Libros/revistas/periódicos	$	$	$	$
	Música/CDs	$	$	$	$
	Pasatiempos	$	$	$	$
Personal	Seguro de vida	$	$	$	$
	Seguro de incapacidad	$	$	$	$
	Educación	$	$	$	$
	Tecnología	$	$	$	$
	Franqueo postal	$	$	$	$
	Cargos por servicios bancarios/aranceles	$	$	$	$
	Cuota de gimnasio/equipo deportivo	$	$	$	$
	Cuidado personal (pelo/uñas, etc.)	$	$	$	$
	Invitaciones/fiestas	$	$	$	$
Salud	Seguro médico	$	$	$	$
	Seguro dental	$	$	$	$
	Seguro de cuidados de largo plazo	$	$	$	$
	Médico/dentista/optometrista	$	$	$	$
	Quiropráctico/terapista/etc.	$	$	$	$
	Lentes/lentes de contacto	$	$	$	$

Categoría	Gasto	Saldo de préstamo	Cantidad	Cantidad mensual	Cantidad anual
Salud	Recetas	$	$	$	$
	Deducibles de seguros	$	$	$	$
Regalos	Cumpleaños	$	$	$	$
	Navidad	$	$	$	$
	Aniversarios/eventos especiales	$	$	$	$
Mascotas	Comida para mascotas	$	$	$	$
	Veterinario	$	$	$	$
	Misceláneos para mascotas	$	$	$	$
Ahorros	Jubilación (calificados)	$	$	$	$
	Jubilación (no calificados)	$	$	$	$
	Ahorros actuales/inversiones	$	$	$	$
Caridad	Iglesia	$	$	$	$
	Organizaciones sin fines de lucro	$	$	$	$
	Otros____	$	$	$	$
Préstamos personales	Tarjeta de crédito: Visa	$	$	$	$
	Tarjeta de crédito: MasterCard	$	$	$	$
	Tarjeta de crédito: AmEx	$	$	$	$
	Tarjeta de crédito: Tiendas	$	$	$	$
	Tarjeta de crédito: Otros	$	$	$	$
	Préstamos estudiantiles	$	$	$	$
	Otros préstamos____	$	$	$	$
Pagos a profesionales	Contador	$	$	$	$

Nombre: _____

Fecha: _____

Categoría	Gasto	Saldo de préstamo	Cantidad	Cantidad mensual	Cantidad anual
Pagos a Profesionales	Abogado	$	$	$	$
	Asesor financiero	$	$	$	$
	Otros asesores	$	$	$	$
Impuestos	Federal	$	$	$	$
	Estatal	$	$	$	$
	SDI	$	$	$	$
	FICA	$	$	$	$
	Medicare	$	$	$	$
Misceláneos	Sostén económico a ex cónyuge	$	$	$	$
	Dinero para salir	$	$	$	$
	Gastos de representación no reembolsados	$	$	$	$
	Cuotas de sindicatos/aranceles	$	$	$	$
	Varios	$	$	$	$
	Saldos negativos en alquiler de propiedades	$	$	$	$
	Total activos	**$**	**$**	**$**	**$**

Consejos

1. Cuando un gasto es anual, divida por doce y anote la cantidad.

2. Si no sabe la cantidad, escriba una cantidad razonable.

3. Revise su registro de cheques para determinar gastos.

Estado de Valor Actual

Nombre: _____

Fecha: _____

Activos	Cantidad/Valor de mercado actual
Efectivo	$
Cuentas de ahorro	$
Cuentas de fondos de dinero	$
Certificados de depósito	$
Fondos de inversión (renta variable o bono)	$
Acciones personales	$
Bonos	$
Otros valores	$
Efectos a cobrar (contratos de compromiso secundario)	$
Opciones para compra de acciones	$
Anualidades de impuestos diferidos (No calificados)	$
Cuentas individuales de jubilación (IRAs)	$
Roth IRAs	$
Planes de pensión:	$
401(k)	$
403(b) TSAs	$
Plan 457	$
SEP	$
SIMPLE	$
Participación en beneficios (con derechos adquiridos)	$
Otras pensiones	$
Seguro de vida con valor efectivo	$
Sociedad de responsabilidad limitada	$
Residencia personal	$
Segunda residencia (casa de vacaciones)	$
Inversiones en propiedades:	$
Propiedad 1	$
Propiedad 2	$
Propiedad 3	$

Activos	Cantidad/Valor de mercado actual
Automóvil	$
Automóvil	$
Bote/vehículo de recreación	$
Negocio	$
Joyas	$
Metales preciosos	$
Antigüedades	$
Colecciones	$
Otra propiedad personal valiosa	$
Otros	$
Total activos	**$**

Pasivos	Saldo a pagar	Término(s) Tasas (%)	Interés	Pago mínimo mensual
		$		$
		$		$
		$		$
		$		$
		$		$
		$		$
		$		$
		$		$
		$		$
		$		$
		$		$
		$		$
		$		$
		$		$
		$		$
Total de pasivos		**$**		**$**

total de activos − (total de pasivos) = (valor neto actual)

Sobre el Autor

Hijo de inmigrantes mexicanos, Louis Barajas creció en un barrio del este de Los Angeles y pasó sus primeros años llevando los libros del negocio de herrería de su padre. A los dieciséis años, Louis ya sabía lo suficiente sobre leyes impositivas como para enfrentarse con los funcionarios del IRS que estaban haciendo una auditoría de la cuenta de su padre. Louis argumentó que su padre no le debía al gobierno dinero adicional y, eventualmente, el IRS concluyó que el insistente joven tenía razón.

Mientras iba a UCLA, Louis dedicó gran parte de su tiempo libre a ayudar a adolescentes de su viejo vecindario. Participó en el *Project Motivation* y en el *Partnership Program*, cuyo objetivo era animar a jóvenes minoritarios a tener éxito en la escuela. Luego de graduarse con un diploma de bachiller en sociología, Louis decidió que la mejor manera en que podría ayudar a su comunidad sería por medio de sus habilidades para los negocios y las finanzas. Continuó su educación, recibiendo su licenciatura en administración de empresas (MBA) en *Claremont Graduate School*, y llegó a ser planificador financiero certificado y asesor de inversiones registrado. Obtuvo la licencia de agente registrado del Internal Revenue Service en 1991, y recibió un certificado de planificador para divorcios del Instituto de Planificadores Certificados para Divorcio (Institute of Certified Divorce Planners) en 1999.

Mientras completaba su carrera universitaria, Louis aceptó un excelente trabajo en Kenneth Leventhal, una importante firma de contaduría y asesoría en Orange County. Con una oficina con vista al muelle de Newport Beach y clientes millonarios, la mayoría de los hombres de negocios de su edad se hubieran considerado realizados. Pero, en 1991, Louis vivió dos sucesos que lo hicieron pensar: la muerte de su querida abuela y el trágico suicidio de su tío. En ese momento, Louis decidió que ya no quería seguir la definición tradicional de éxito; en cambio, se sintió llamado a poner sus conocimientos y habilidades en el lugar en que creía que eran más necesarios, su comunidad del este de Los Angeles. En octubre de 1991, dejó su cómodo trabajo en Newport Beach y abrió una firma de planificación financiera en el barrio.

La primera oficina de Louis estaba arriba de un restaurante mexicano de mariscos en Boyle Heights, y sus clientes llegaban a ella siguiendo las indicaciones de un cartel escrito a mano. Louis recortó sus honorarios a un 25 por ciento de lo que había cobrado en Orange County y se dedicó de lleno a buscar clientes que nunca hubieran oído de planificación financiera. En vez de asesorar a millonarios, Louis estaba ahora asesorando a empleados de tiendas de comestibles que estaban en peligro de perder sus casas... parejas de clase media que querían que sus hijos se educaran en escuelas privadas... inmigrantes que no confiaban en los bancos y ahorraban su dinero dentro de botellones de agua en sus cocinas... hombres jóvenes que inocentemente habían firmado contratos de préstamo a 25 por ciento... y muchos más. Ésta era la gente que necesitaba más de la planificación financiera, pero Louis encontró que muchos de ellos no tenían la información más básica sobre cómo hacer que su dinero trabajara más. Por lo que decidió que su función más importante sería servir como puente entre la gente trabajadora y el a veces abrumador mundo de las finanzas.

Por consiguiente, Louis Barajas & Associates amplió sus servicios para incluir la educación de la comunidad latina sobre cuestiones de dinero. Hoy día, la misión de Louis es brindar los mejores servicios de planificación a precios razonables y educar a las familias e individuos para que tomen control de su destino financiero y puedan crear su grandeza financiera.

Louis es reconocido por proveer servicios de planificación financiera de excelente calidad de una manera directa y fácil de entender. Muchos clientes quieren trabajar con él no sólo por su experiencia, integridad y altos estándares éticos, sino también por su sólido y continuo compromiso para con la comunidad. Las oficinas de Louis Barajas & Associates se encuentran localizadas en Citadel, un complejo de oficinas y tiendas en Commerce, California. Al presente, sus clientes incluyen atletas profesionales, artistas profesionales, médicos prominentes, políticos y dueños de negocios de todo el país.

Ampliamente reconocido por su contribución a la comunidad latina, Louis Barajas ha merecido artículos en la sección metropolitana de *Los Angeles Times,* en *Nuestro Tiempo* y en los periódicos *Wave,* en la revista *Saludos Hispanos,* el *Journal of Financial Planning,* las revistas *Research* y *Assets,* el *Orange County Register,* el *Tampa Tribune Times,* el *Lexington Herald-Leader,* el *Atlanta Journal* y el *San Diego Tribune.* Louis Barajas aparece regularmente como experto financiero en el noticiero de la tarde del Canal 34 de KMEX y ha sido entrevistado por Bloomberg Radio News, BIZ-NEWS, y muchos otros programas radiales de noticias y finanzas en el área metropolitana de Los Angeles. Louis fue elegido como Planificador Financiero del Mes por la revista *Mutual Funds* y apareció en el especial de CNBS *Watch and Make Money.* Louis es citado de manera regular en la revista *Hispanic Business.* Durante los últimos cinco años, Louis también escribió una columna financiera de gran éxito para *La Opinión,* el periódico hispano de mayor circulación en Estados Unidos. En septiembre del año 2002, Louis fue nombrado uno de los más destacados planificadores financieros del país por la revista *Mutual Funds.*

Louis vive en Irvine, California, con su esposa Angie, y sus tres híjos, sus hijas Alexa Pilar y Aubrey Marisa, y su hijastro Eddie.

Se puede comunicar con Louis Barajas en:

200 Citadel Drive, Suite 100

Los Angeles, CA 90040

(323) 890-8180

www.financialgreatness.com

email: louis@financialgreatness.com